성과코칭 워크북

PERFOR MANCE COACHING

업무관리 하지 말고 성과코칭 하라

성과코칭 워크북

WORKBOOK

류랑도 지음

쌤앤파커스

차
례

프롤로그_ 성과코칭과 업무관리 —————— 10
책을 읽기 전에 _ 지금 나와 우리 조직의 성과관리 레벨은? —————— 13
진단결과 해석 —————— 15
이 책을 사용하는 법 —————— 16

① 성과코칭이란 무엇인가?

성과코칭이란? —————— 18
티칭과 코칭은 어떻게 다른가? —————— 20
업무관리와 성과코칭은 어떻게 다른가? —————— 21
업무관리 하지 말고 성과코칭 하라 —————— 22
성과코칭은 스스로 해법 찾도록 자극해주는 것 —————— 24
성과코칭의 4가지 전제조건 —————— 28
성과코칭을 시작하기 전에 선행되어야 할 것 —————— 34
성과와 실적은 어떻게 다른가? —————— 35
성과는 고객의 만족 기준을 달성한 상태 —————— 37
핵심과제는 역할, 기대하는 결과물은 책임 —————— 38
성과는 '좋은 결과'가 아니라 '원하는 결과' —————— 39
사전합의를 위한 피드포워드가 중요하다 —————— 40
실적관리는 사후에 평가하고 피드백한다 —————— 41
한눈에 보는 성과창출의 핵심요소 —————— 42
성과창출의 3대 핵심요소 —————— 43
기획과 계획은 다르다 —————— 46

② 왜 성과코칭인가?

왜 성과코칭을 해야 하는가? ——————— 48
조직관리, 사람관리, 업무관리의 패러다임 변화 ——————— 49
성과코칭을 해야 하는 7가지 이유 ——————— 50
새로운 시대의 리더십이란? ——————— 56
훌륭한 리더와 뛰어난 리더십은 동의어가 아니다 ——————— 57
새로운 리더십의 핵심역량은 성과코칭역량 ——————— 58
성과코칭에 대한 일반적인 시각 ——————— 59

③ 성과코칭, 어떻게 시작할까?

생각을 묻는 질문과 생각을 들어주는 경청 ——————— 62
성과코칭을 위한 '질문과 경청'의 핵심은? ——————— 64
성과코칭의 3가지 핵심타깃 ——————— 65
성과코칭의 핵심타깃 - 미션, 비전, 목표 사례 ——————— 67
리더가 성과코칭을 망설이는 이유 ——————— 68
성과코칭과 화풀이는 다르다 ——————— 69
성과코칭 핵심스킬 - 트랙(TRAC) 모델 ——————— 70
성과코칭 핵심스킬 - 트랙 모델 T ——————— 71
성과코칭 핵심스킬 - 트랙 모델 R ——————— 72
성과코칭 핵심스킬 - 트랙 모델 A ——————— 73
성과코칭 핵심스킬 - 트랙 모델 C ——————— 74
성과코칭 기본도구 : R&R 스케치페이퍼 ——————— 76
결과물 중심의 상태적 목표란? ——————— 77
코칭 커뮤니케이션 - 1단계 일하기 전에 ——————— 78
코칭 커뮤니케이션 - 2단계 일하는 중에 ——————— 79
코칭 커뮤니케이션 - 3단계 일하고 나서 ——————— 81
성과코칭의 핵심은 피드백과 피드포워드 ——————— 83

④ 성과코칭 5단계 프로세스

성과코칭 5단계 프로세스 개요 —————— 86

반드시 프로세스대로 이행해야 한다 —————— 87

성과코칭 단계별 주요 액티비티 —————— 89

1. 프리뷰(플랜) : 핵심과제 도출과 성과목표 설정

1단계 : 핵심과제 도출 —————— 96

핵심과제를 제대로 도출해야 하는 이유 —————— 97

핵심과제의 종류 —————— 99

선행과제와 개선과제의 의의 —————— 100

핵심과제를 도출하는 기본방법 —————— 101

핵심과제 기준 검증을 위한 핵심질문 —————— 103

핵심과제 도출 프로세스와 리더와 코칭 대상자의 역할 —————— 104

핵심과제 도출을 위한 템플릿 - 당기과제 —————— 105

핵심과제 도출을 위한 템플릿 - 선행과제 —————— 106

핵심과제 도출을 위한 템플릿 - 개선과제 —————— 107

[Q&A] 핵심과제 도출에 관해 궁금한 점 —————— 108

2단계 : 성과목표 설정 —————— 111

목표에 대한 일반적인 생각 —————— 112

목표란 무엇인가? —————— 113

상사 vs. 목표 —————— 114

목표에 의한 관리, 상사에 의한 관리? —————— 115

목표의 전제조건 —————— 116

성과목표의 기준 —————— 117

목표의 종류 —————— 118

목표는 미래의 대리인 —————— 121

성과목표의 3대 요소 —————— 122

성과목표는 왜 설정해야 하나? ———————— 123

성과목표조감도란? ———————— 125

성과목표의 KPI ———————— 127

KPI란 무엇인가? ———————— 128

성과목표의 수준이 적정한지를 어떻게 판단할까? ———————— 131

제대로 된 목표인지 검증하기 위한 핵심질문 ———————— 132

성과목표를 설정할 때 리더와 코칭 대상자가 해야 할 일 ———————— 133

성과목표 설정을 위한 템플릿 ———————— 134

핵심과제의 현재 상황을 파악하는 방법 ———————— 135

[Q&A] 성과목표 설정에 관해 궁금한 것 ———————— 136

3단계 : 성과목표 달성방안 수립 ———————— 139

성과목표 달성전략의 고정변수와 변동변수 ———————— 141

성과목표 달성전략 수립을 위한 기준검증 질문 ———————— 142

예상리스크 대응방안 수립방법 ———————— 143

예상리스크 대응방안을 수립할 때 기준을 검증하는 질문 ———————— 146

액션플랜을 수립할 때 기준을 검증하는 질문 ———————— 147

성과목표 달성방안 수립 프로세스와 리더, 코칭 대상자 역할 ———————— 148

성과목표 달성방안 수립을 위한 템플릿 ———————— 149

[Q&A] 성과목표 달성방안 수립에 관해 궁금한 것 ———————— 150

2. 인과적 실행(두)_수직적 협업이 중요한 인과적 실행 단계

4단계 : 케스케이딩과 협업1 ———— 154
캐스케이딩과 기간별 아웃풋 관리는 왜 해야 하나? ———— 155
캐스케이딩 기준을 검증하는 질문 ———— 158
캐스케이딩 프로세스별 리더와 코칭 대상자 역할 ———— 159
공간적 캐스케이딩을 위한 템플릿 ———— 160
시간적 캐스케이딩: 기간별 아웃풋 관리 템플릿1(성과기획서) ———— 161
시간적 캐스케이딩: 기간별 아웃풋 관리 템플릿2(성과평가서) ———— 162
[Q&A] 캐스케이딩과 기간별 아웃풋 관리에 관해 궁금한 것 ———— 163

4단계 : 캐스케이딩과 협업2 ———— 166
왜 협업을 해야 할까? ———— 168
협업의 기준을 검증하는 질문 ———— 171
협업 프로세스와 리더, 코칭 대상자의 역할 ———— 172
협업을 위한 템플릿1(수평적 협업) ———— 173
협업을 위한 템플릿2(수직적, 수평적 협업) ———— 174
[Q&A] 협업관리에 관해 궁금한 것 ———— 175

3. 리뷰(시 앤드 피드백)_성과평가와 피드백

5단계 : 성과평가와 피드백1 ———— 179

성과평가와 과정평가는 왜 해야 하는가? ———— 181

성과평가의 기준을 검증하는 질문 ———— 184

성과평가와 과정평가 프로세스별 리더와 코칭 대상자의 역할 ———— 185

성과평가와 과정평가를 위한 템플릿 ———— 186

[Q&A] 성과평가와 과정평가에 관해 궁금한 것 ———— 187

5단계 : 성과평가와 피드백2 ———— 190

개선과제란? ———— 192

개선과제는 왜 도출해야 할까? ———— 194

개선과제 도출의 기준을 검증하는 질문 ———— 195

만회대책 수립 기준을 검증하는 질문 ———— 196

개선과제와 만회대책 도출 프로세스별 리더와 코칭 대상자의 역할 ———— 197

개선과제와 만회대책 도출을 위한 템플릿 ———— 198

능력과 역량의 개념 ———— 199

역량 vs. 능력 ———— 200

능력진단표 작성요령 ———— 201

역량진단표 작성요령 ———— 202

[Q&A] 개선과제 도출에 관해 궁금한 것 ———— 203

에필로그_ 성과코칭은 리더십의 혁명이다 ———— 204

프롤로그 _ 성과코칭과 업무관리

성과코칭(performance coaching)은 일반적인 라이프코칭과 다르다. 이 책은 성과관리나 라이프코칭에 대한 이론서가 아닌 '성과코칭'을 위한 실제적인 방법론을 담았다.

성과코칭은 조직에서 상위리더가 하위리더나 실무자에게 역할과 책임을 부여하고, 정해진 기간 내에 그가 리더가 기대하는 성과를 창출하도록 만드는 방법을 코칭하는 것이다. 코치는 코칭받는 사람이 자발적으로 역할과 책임의 기준을 깨닫게 하고, 자기주도적으로 인과적 과정을 실행하게 해 기대하는 성과를 지속적으로 창출하게 만든다. 그 '지속적 성과창출'의 과정에서 코치는 성과관리 단계별로 기준과 대상자의 생각을 비교·검증하고, 스스로 올바른 방법을 깨닫도록 동기부여하며, 프로세스를 혁신하도록 자극하는 촉진활동을 한다.

반대로 '업무관리'는 업무를 지시한 사람, 즉 상사가 자신이 생각한 전략이나 실행계획을 일방적으로 제시하는 방식이다. 실무자가 생각하고 수행해야 할 실행기준이나 실행방법에 대해 상사가 이래라저래라 지시하고 개입한다. 그래서 업무지시는 일의 절차나 방법에 대한 의사결정권이 실무자가 아닌 지시자, 즉 상사에게 있다. 지시자의 의도대로 실무자를 생각하게 하고 행동하게 만드는 것이 목적이다.

그런 업무지시를 계속 받으면 어떻게 될까? 실무자는 스스로 생각하거나 행동하지 않게 된다. 수동적으로만 반응하는 것이 고착되고, 일에 대한 주인의식이 사라진다. 기계처럼 지시한 것만 수행하니 업무수행 역량이 축적되지 않을뿐더러 업무결과에 대한 책임감도, 성취감도 못 느낀다.

성과코칭은 크게 3단계, 즉 프리뷰(preview) 단계, 실행(execution) 단계, 리뷰(review) 단계로 나눠진다. 먼저 프리뷰 단계에서는 핵심과제를 도출하고 성과목표를 설정하며, 성과목표 달성방안을 수립한다. 두 번째 실행 단계에서는 캐스케이딩하고 협업하며, 말 그대로 '실행'을 한다. 이 책에서는 '인과적 실행(causal execution) 단계'라고 부를 것이다. 세 번째 리뷰 단계에서는 기획하고 실행한 것에 대한 성과평가와 피드백이 이루어진다.

코치가 코칭 대상자에게 이 3단계 각각의 개념과 구체적인 기준을 알려주고, 거기에 대응하는 실행자의 생각을 객관적으로 검증하는 활동이 바로 성과코칭의 핵심이다. 코치는 각 단계의 개념과 기준에 대해 코칭 대상자(실무자)가 스스로 생각하게 하고 그것을 '경독청'한다. 적절한 질문을 통해 실무자가 생각을 발전시키고 검증하도록 하고, 스스로 해법을 찾도록 자극하고 돕는다.

업무지시 하는 직책자를 '상사'라고 하고,

성과코칭 하는 직책자를 '리더'라고 한다.

당신은 상사인가? 리더인가?

상사는 실무자를 시키는 대로 일하는 아바타로 만들고,

리더는 실무자를 자기주도적인 성과책임자로 만든다.

상사가 시키는 대로 일하는 실무자를 '부하'라고 하고,

자기완결적으로 일하는 실무자를 '성과책임자'라고 한다.

당신은 부하인가? 성과책임자인가?

부하는 상위 직책자를 업무지시 하는 상사로 만들고,

성과책임자는 상위 직책자를 성과코칭 하는 리더로 만든다.

성수동 협성재에서

류랑도

책을 읽기 전에_ 지금 나와 우리 조직의 성과관리 레벨은?

《성과코칭 워크북》을 읽고 실천하기 이전과 이후의 성과관리 레벨을 진단해볼 수 있는 시트입니다. 개인별로 진단한 후 비교적 점수가 낮은 단계가 어떤 것인지 확인해봅니다. 그리고 상위리더에게 코칭받을 때 얻고자 하는 기대사항을 정리해봅니다. 개인별 진단결과의 평균치를 내어보면 조직별, 부서별 레벨을 파악할 수 있습니다.

소속 (본부/팀)		직위/성명	

구 분	업무를 수행하는 자신의 모습을 있는 그대로 체크해주세요.	전혀 그럴지 않음 · 보통 · 매우 그런 편임
프리뷰 단계 (11문항)	1. 나는 성과목표를 수립할 때 현재 상태와 수준을 객관적으로 파악해 구체적으로 설정한다.	① ② ③ ④ ⑤
	2. 나는 성과목표를 수립할 때, 통상적인 노력을 기울일 세부목표와 혁신적인 접근이 필요한 세부목표를 구분한다.	① ② ③ ④ ⑤
	3. 나는 상위조직의 성과목표 달성에 기여할 핵심과제가 무엇인지를 미리 생각하고 일한다.	① ② ③ ④ ⑤
	4. 나는 과제를 실행하기 전에, 상위리더가 기대하는 결과물의 기준에 대해 충분히 합의한 후 진행한다.	① ② ③ ④ ⑤
	5. 나는 과제를 실행하기 전에 예상리스크를 파악하고, 리스크별 대응전략을 사전에 수립한다.	① ② ③ ④ ⑤
	6. 나는 새로운 과제의 경우, 사전에 업무처리 프로세스·일정·자원계획을 수립한 뒤 실행한다.	① ② ③ ④ ⑤
	7. 단위 업무나 과제를 수행할 때, 그 업무수행을 통해 기대하는 결과물을 사전에 구체화한다.	① ② ③ ④ ⑤
	8. 나는 목표별 세부 구성요소를 기준으로 공략해야 할 대상과 공략방법을 구체화한다.	① ② ③ ④ ⑤
	9. 나는 일정 기간 내에 수행해야 할 과제에 대해 각각의 소요시간과 일정을 포함해 액션플랜을 수립한다.	① ② ③ ④ ⑤
	10. 나는 업무 이해관계자(특히 리더)와 과정목표 및 실행방법을 사전에 공유하고, 실행권한에 대한 위임 가능 여부 및 범위를 확인한 뒤 진행한다.	① ② ③ ④ ⑤
	11. 나는 이해관계자(특히, 리더)에게 요청할 필요사항과 지원사항을 사전에 파악해 소통한다.	① ② ③ ④ ⑤

소속 [본부/팀]		직위/성명	

구 분	업무를 수행하는 자신의 모습을 있는 그대로 체크해주세요.	전혀 그럴지 않음 보 통 매우 그런 편임
인과적 실행 단계 (5문항)	12. 나는 기간별로 핵심과제와 과정목표를 전체 목표로부터 세분 화해 설정한 뒤 실행한다.	① ② ③ ④ ⑤
	13. 나의 액션플랜에는 기간별로 실행계획이나 모니터링계획이 각 각 포함되어 있다	① ② ③ ④ ⑤
	14. 나는 연간목표를 월간, 주간 단위로 실행할 때, 유관부서에 협 업할 역할과 책임을 사전에 요청하고 공유한다.	① ② ③ ④ ⑤
	15. 나는 연간목표나 상위리더가 부여한 수명과제를 수행할 때, 나 의 능력과 역량을 벗어난 과제와 목표를 구분해 상위리더에게 협업을 요청한다.	① ② ③ ④ ⑤
	16. 나는 주간, 월간 단위로 기간별 아웃풋에 대해 정기적으로 성과 평가를 하고, 개선과제와 보완대책에 대해 팀장이나 상위리더 에게 피드백하고 코칭을 받는다.	① ② ③ ④ ⑤
리뷰 단계 (7문항)	17. 나는 과제를 실행한 후, 기간별로 기대했던 목표 대비 실제 달 성성과를 객관적으로 비교해본다.	① ② ③ ④ ⑤
	18. 나는 과제를 실행한 후, 목표 대비 실제 달성결과에 영향을 준 긍정적 또는 부정적 원인을 분석한다.	① ② ③ ④ ⑤
	19. 나는 성과목표를 달성하기 위한 전략이 실질적인 성과에 끼친 영향력까지 분석하는 편이다.	① ② ③ ④ ⑤
	20. 나는 실행과정에서 준수해야 할 프로세스를 준수하고 있다.	① ② ③ ④ ⑤
	21. 나는 성과목표를 리뷰하며 개선하거나 만회해야 할 과제까지 도출한다.	① ② ③ ④ ⑤
	22. 나는 향후 성과목표 달성을 위해 보완해야 할 나 자신의 능력 과 역량을 파악하고 있다.	① ② ③ ④ ⑤
	23. 나는 향후 성과목표 달성을 위해 보완이 필요한 역량을 개발하 기 위한 계획과 방법을 수립한다.	① ② ③ ④ ⑤

진단결과 해석

1. 총점

총점 92점 이상이면 성과관리를 아주 잘하는 상태, 총점 46점 미만이면 역량이 상당히 부족한 상태다.

2. 단계별 점수

프리뷰 단계 : 44점 이상이면 아주 잘함, 22점 이하면 아주 미흡함.

인과적 실행 단계 : 20점 이상이면 아주 잘함, 10점 이하이면 아주 미흡함.

리뷰 단계 : 28점 이상이면 아주 잘함, 14점 이하이면 아주 미흡함.

이 책을 사용하는 방법

1. 먼저 상위리더와 하위리더 또는 실무자가 일하는 프로세스별로 해야 할 역할에 대해 함께 읽고 내용을 숙지한다.

2. 일을 시작하기 전, 일하는 도중, 일하고 나서 해야 할 단계별 과제가 있는데, 각각의 단계에서 과제의 기준을 상위리더가 먼저 설명하고 기준에 대한 내용을 하위리더나 실무자가 고민해서 제안한다. 상위리더는 실무자가 제안한 내용이 기준에 부합하는지 질문을 통해 검증한다.

3. 코칭 대상자(하위리더나 실무자)는 상위리더에게 경험담이나 해답을 구해서는 안 된다. 단계별 기준에 대한 자신의 생각을, 철저하게 현장 데이터에 기초해 객관적 사실의 형태로 표현하고 스스로 해답을 찾는다.

4. 성과코칭이란, 기준에 대한 상대방(코칭 대상자)의 생각을 검증하는 작업이다. 코칭 대상자가 먼저 자신의 생각을 정립하지 않으면 제대로 된 코칭이 어렵다.

5. 템플릿(양식)과 하단의 빈칸을 이용하여 코칭 대상자가 먼저 자신의 생각을 적어본다. 그리고 나서 코치는 기준 중심의 질문을 활용해 코칭하면 된다. 책에 수록된 질문은 최소한의 문항이기 때문에 얼마든지 직무환경에 맞게 추가해도 괜찮다.

성과코칭이란?

성과코칭이란?

리더가 코칭 대상자의 성과창출을 돕기 위한 지지적 활동이다.
리더 자신의 경험과 지식을 바탕으로 코칭 대상자에게
실행방법을 가르쳐주는 티칭(teaching)이나
이래라저래라 지시하고 개입하는 것과는 완전히 다르다.

성과코칭은 코칭 대상자가 정해진 기간 내에 과제수행을 통해
책임져야 할 성과를 창출할 수 있도록 돕는 것이다.
프리뷰 단계, 인과적 실행 단계, 리뷰 단계로 나눠서
단계마다 기준 대비 코칭 대상자의 생각을 검증해주는
기준검증 활동(criteria quality assurance)이 바로 성과코칭이다.

기준검증이란?

기준검증이란, 코칭 대상자가 생각하는 내용에 대해
코치가 개입, 참견하거나 훈수 두는 것이 아니다.
코칭 대상자의 생각이 단계별 기준에 부합하도록
내용에 잘 녹아 있는지를 검증하는 것이다.

코치는 기준에 대한 질문을 던지고 코칭 대상자의 생각을 경청하면서
기준과 비교하고 검증하는 과정을 통해
코칭 대상자가 스스로 해법을 깨닫게 한다.
그러한 지원활동이 바로 성과코칭이다.

티칭과 코칭은 어떻게 다른가?

티칭	코칭
가르쳐주는 것 해법을 제시하는 것 경험과 지식이 핵심 노하우 ↓ **지식, 스킬, 경험과 방법을 가르쳐주는 것**	기준을 제시하는 것 해법을 깨닫게 하는 것 생각·질문·경청·검증이 핵심 두하우(do-how) ↓ **스스로 해법을 찾을 수 있도록 생각하고 고민하게 하는 것**
티칭의 중심은 티칭하는 리더다.	**코칭의 중심은 코칭받는 대상자다.**

업무관리와 성과코칭은 어떻게 다른가?

업무관리	성과코칭
실행방법에 대한 의사결정	의사결정 과정 지원
문제해결 방법 제시	문제해결 지원
감독자, 지시자, 결정자	검증자, 경청자, 질문자
자신의 경험과 지식에 의존	현장의 데이터, 대상자 생각에 기준
꾸짖음, 비난, 질책	스스로 깨달음을 통해 해법발견 유도
일방적인 소통	구체적이고 지속적인 피드백

업무관리 하지 말고 성과코칭 하라

코칭을 한다면서 목표의 내용이나 수준에 대해 개입한다든지,
전략과 실행계획에 대해 코칭한다면서 코치의 과거 성공경험이나
타사의 베스트 프랙티스(best practice)를 실행하게 한다든지,
코치의 생각을 일방적으로 강요한다든지 하는 '업무관리', '업무지시'는
성과코칭과 엄밀하게 구분해야 한다.

성과코칭은 성과를 창출하기 위해 목표나 전략과 같은 기준에 대한
대상자의 생각을 검증해주는 QA(quality assurance) 활동이다
권한위임한 코칭 대상자가 책임져야 할 성과를 창출할 수 있도록
스스로 생각하게 하고 마음먹게 하고, 말하게 하고,
행동하게 하고, 깨닫게 하는 지속적인 지지활동이다.

역량을 확보하고 주도적으로 성장하도록 하는 훈련

성과코칭은 대상자가 자신의 역할과 책임을 다하도록
기간별로 해야 할 역할을 깨닫게 하고
역할수행을 통해 책임져야 할 결과물이 무엇인지 인식함으로써,
결과물을 창출하기 위한 가장 인과적인 전략과 방법을
스스로 깨닫고 실천할 수 있도록 자극하는 스킬이다.
성과코칭은 리더가 성과를 창출하기 위한 프로세스와 실행방법을
실행하는 구성원으로 하여금 스스로 깨닫게 하는 기술이다.
성과코칭은 구성원들의 성과를 향상하고 역량을 확보하고
주인의식을 갖게 해 성장하도록 하는 훈련이다.

스스로 해법 찾도록 자극해주는 것

일반적으로 행해지는 코칭은 일상생활에서나 직업생활에서
개인의 잠재력과 강점을 이끌어내고 스스로 의욕을 가질 수 있도록
자극하고 돕는 것으로, 주로 관계 지향적인 관점에서 행하는
사람 중심의 라이프코칭이라고 말할 수 있다.

반면, 성과코칭은 코칭의 대상이 성과다.
조직에서의 성과코칭은 조직이나 개인의 성과를 창출하기 위해
리더가 구성원으로 하여금 자신의 비전과 목표를 제시하고
자신의 성과목표를 주도적으로 실행하도록 동기를 부여하는 코칭이다.

특히 워크숍과 면담 등을 통해 성과를 창출하기 위한 핵심 프로세스인
플랜(plan), 두(do), 시 앤드 피드백(see & feedback) 프로세스를
스스로 실행할 수 있도록 기준과 원리를 제시한다.
또한, 실행방법을 깨닫게 하고 검증하는 과정을 거쳐
스스로 해법을 찾아가도록 자극해주는 스킬이다.

코칭은 훈수나 경험 전수가 아니다

어떤 이들은 구성원들의 애로사항을 들어주고
격려의 말을 해주거나 차 한잔하며 개인의 강점과 약점을 깨닫게 하고
자신감과 의욕을 고취시키는 것을 성과를 올리는 코칭이라고 하는데
이는 성과코칭이 아닌 라이프코칭에 가깝다.

기업에서 해야 할 코칭은, 순수하게 코칭의 관점에서 접근해
질문과 경청기법을 통해 코칭 대상자로 하여금
스스로 해법을 찾고 깨닫게 하는 코칭이다.
하지만 코칭의 원리에 바탕을 두면서도
해당 업무에 대한 경험·지식·경륜이 있는 사람이
자신의 경험과 지식을 전수하거나 훈수해주는 티칭을
겸하고 있는 형태가 많다.

프로세스로 접근하라

이와 비슷한 사례로 OJT(on the job training)를 들 수 있다.
OJT는 회사나 본부, 팀 내에서 이루어지는 현업 교육이나 훈련이다.
직속 리더나 선배사원이 업무에 대한 지식, 기능, 태도를 포함해
조직의 구성원으로서 갖추어야 할 자격요건을 교육한다.
조직문화를 확립함과 동시에 구성원들이 능력개발에 대한 성취감을 갖고
체계적으로 업무를 수행하는 능력을 배양하도록 돕는 것이다.

진정한 성과코칭은 일을 기획하고(프리뷰),
실행하고(인과적 실행), 마무리하는(리뷰) 프로세스 관점에서 접근해야 한다.
시작하기 전에 성과목표를 설정하고 전략수립 과정을 피드포워드 코칭한다.
일의 실행하는 과정에서는 주간, 월간 단위로 캐스케이딩하고
협업에 대한 코칭과 과정성과에 대한 평가와 피드백 코칭을 하며
일이 끝나고 나면 최종 성과평가와 피드백에 대한 코칭이 이루어진다.

지속 가능한 성과창출의 반복

성과코칭은 코칭 대상에 따라 팀코칭과 개인코칭으로 나눌 수도 있다.
팀코칭은 팀의 성과창출과 직접 관련된 부분을 구성원들과 함께
워크숍을 통해 코칭하는 것으로 주로 연간, 월간, 주간 단위로 실행한다.

개인코칭은 성과관리 프로세스 단계별로 일하기 전에
성과목표와 달성전략을 개인별로 수립하게 하고 코칭하고,
일의 실행하는 과정에서 월간, 주간, 일일 단위로
성과목표를 캐스케이딩하고 협업하는 내용에 대해 코칭하고,
일이 끝나고 나면 스스로 자기 성과평가와
피드백 내용에 대해 코칭하고 동기부여함으로써
지속가능한 성과창출이 반복되도록 하는 것이 주목적이다.

성과코칭의 4가지 전제조건

1. 학습과 훈련이 선행되어야 한다

학습이란 역할수행에 대한 내용과

실행방법에 대한 지식, 스킬을 터득하는 것이다.

학습단계에서는 성과창출 프로세스에 대한 개념훈련을 하는 것이 매우 중요하다.

훈련이란 학습한 내용을 실제 업무에 적용해 체질화하는 것이다.

학습과 훈련의 단계가 제대로 이행되고 난 후에 코칭을 시작한다.

학습과 훈련의 단계를 거치지 않고 바로 코칭으로 갈 수는 없다.

코칭 단계는 깨달음의 단계이기 때문에

스스로 이해하고 실행해 보지 않은 상태에서는

결코 무엇을 어떻게 기획하고 실행하고 개선해야 할지 알 수 없다.

특히, 성과를 내는 방법은 개념과 프로세스, 방법론이 중요하기 때문에

학습, 훈련, 코칭의 단계를 진지하게 이행하는 것이 매우 중요하다.

2. 코칭 대상자의 생각이 전제되어야 한다

성과코칭의 주인공은 코치인 상위리더가 아니라
코칭 대상자인 하위리더, 구성원, 실무자다.
대상자가 성과지향적인 전략적 행동을 잘할 수 있도록 자극하고
스스로 성과창출의 해법을 깨닫도록 지원하고 도와주는 것이다.

성과코칭은 '역할과 책임' 코칭이다.
코칭 대상자가 역할수행을 잘해서 책임져야 할 성과를
효과적으로 창출할 수 있게 전략적이고 인과적인 생각을 통해
해법을 찾도록 자극을 주는 기법이다.

성과코칭을 제대로 하기 위해서는
대상자의 생각이 전제되어야 하는데, 대상자의 생각을 유도하기 위해서는
리더가 성과창출 프로세스 단계별로 기준에 대한 질문을 잘해야 한다.

실무자는 현장과 현상 데이터로 대답해야 한다.

실무자는 대답을 글을 통해 실행함으로써

자신의 생각과 목소리를 스스로 경청할 수 있다.

리더는 실무자의 대답을 경청해야만 진행과정을

분석적으로 파악하고 관찰할 수 있다.

성과코칭은 지식과 경험을 가르치는 것이 아니라

역할과 책임과 책임을 충실히 이행하기 위한 방법을 잘 자극해

스스로 성과를 창출할 수 있도록 실천하게 하는

지극히 인간 중심적인 소통과 성찰의 기법이다.

3. 코칭 대상자에 대한 인정과 존중이 전제되어야 한다

누구나 그 사람 자체로, 인간으로서 인정받고 존중받을 권리가 있다.
만약 마땅히 이행해야 할 자신의 역할과 책임을 제대로 하지 못했다면,
왜 그랬는지 원인을 분석해보고 이유를 따져보고 개선할 일이지
감정적으로 대할 일은 결코 아니다.
조직의 모든 말과 행동은 결국 일을 제대로 해서
성과를 창출하고자 하는 것이 목적이다.
직위와 직책을 떠나서 조직 내부에서 일어나는 모든 말과 행동은
성과창출에 자연스럽게 연결되어야 하고 성과 지향적이어야 한다.
특히, 리더라면 개인적인 스타일을 바꿔서라도
성과창출에 결정적인 역할을 하는
구성원을 동기부여시키는 말과 행동을 하는 코치로서의 역할행동을
구체적으로 실행할 수 있도록 과감하게 변신해야 한다.

반면 리더가 아무리 코칭을 통해 지지하고 돕고자 해도
실무자 스스로자 역할을 이행해 성과를 창출하려 하지 않는다면
그 결과에 대해 스스로 책임을 지는 한 인격체의 선택으로서
존중해주는 것도 하나의 방법이다.

4. 권한위임이 전제되어야 가능하다

성과코칭은 대상자의 성과창출 방법을 돕기 위한
지원적이고 지지적인 활동이다.
따라서 당연히 권한위임(delegation)이 전제될 수밖에 없다.
성과에 대한 책임을 묻기 위해서는 성과목표에 대한 사전합의와
성과목표 달성을 위한 전략과 실행계획의 선택과 실행에 대한
의사결정 권한을 실행하는 사람에게 주어야 한다.

권한위임이 전제되지 않는다면

업무지시나 업무관리가 될 수밖에 없다.

업무관리(job control)는 리더가 실무자에게

역할과 책임에 대한 기준은 말할 것도 없고

상태적 목표와 달성전략과 실행계획에 대한 내용결정 과정에

리더가 개입하고 실무자는 결정된 내용에 따라

실행만 기계적으로 수행해 주는 것을 말한다.

이런 경우 업무의 세부 실행방법과 절차를 업무 지시자가 결정하고

실행을 대신할 실무자에게 일을 담당시키고

일이 진행되는 단계마다 업무지시자의 생각대로

일일이 지시하고 통제하기 때문에

일의 결과에 대해서도 업무지시자가 책임져야 한다.

성과코칭을 시작하기 전에 선행되어야 할 것

성과코칭이 제대로 이루어지기 위해서는
일을 수행하는 절차와 내용에 대한 티칭을 통해
지식화가 먼저 되어야 한다.

티칭이 끝나고 나면
성과를 창출하는 프로세스와 방법에 대한 트레이닝을 통해
체질화가 되어야 한다.

티칭과 트레이닝이 선행되어야
성과코칭이 제대로 이루어질 수 있다.

성과와 실적은 어떻게 다른가?

성과는 수요자가 요구한 결과물이 달성된 상태

성과란, 과제수행을 통해 수요자, 상위리더가 요구하는
결과물을 객관화한 성과목표가 달성된 상태를 말한다.
성과의 관점에서는 평가를 목표에 대비해서 한다.
성과주의란 인과적 과정주의, 고객만족주의,
수요자 중심주의, 목적주의를 표방한다.

성과주의란 기대하는 성과를 창출하기 위해
성과목표는 수요자의 요구기준에 따라 상태적으로 설정했는지,
달성전략은 인과적으로 타깃 지향적으로 수립했는지,
리스크헷징(risk hedging)은 외부환경 요소와 내부역량 요소로 나눈
대응방안 수립과 플랜B의 마련을 통해 이루어졌는지,
실행은 최종목표를 기간별로 과정목표로 캐스케이딩해서 실행했는지에 관한
인과적 과정을 평가하고 판단하는 것을 말한다.

실적은 실행자가 노력한 결과

실적(results)이란 노력한 결과물을 말한다.
실적의 관점에서는 달성률과 실행한 결과물로 따지고
계획과 대비해 평가한다.

실적주의란 실행자 중심주의, 공급자 중심주의, 노력주의를 표방한다.
결과주의란 드러난, 나타난 결과를 기준으로
따지고 평가하는 방식을 말한다.

성과는 고객의 만족 기준을 달성한 상태

성과란 고객(외부, 내부) 만족기준을 달성한 상태다.
성과란 일(과제) 자체의 실행결과가 아니라 일의 목적한 결과물,
수요자가 요구한 결과물을 달성한 상태를 말한다.

Performance : 鳥瞰圖

per(기준) + form(완성된 형태, 결과물의 품질) + ance(상태, 행동)

성과의 영어 어원을 분석해보면 '완성된 형태나 결과물의
품질 상태에 관한 기준'이라는 의미를 가지고 있다.
최종상태(end state), 끝그림(end picture)라는 뜻을 가진
'조감도(bird's-eye view)'와 같은 의미다.

핵심과제는 역할, 기대하는 결과물은 책임

성과란 '기대하는 결과물(책임responsibility)'을 달성한 상태다.

아래 예시와 같이 'OO 보고서 작성'이라는 기대하는 결과물은

작성이 완료되었을 때 보고서에 반드시 포함되어야 할 목차와 세부내역이다.

핵심과제 – 역할 (해야 할 일)	기대하는 결과물(성과목표) – 책임 (목표, 원하는 결과물이 이루어진 상태를 세부내역 형태로 자세히 표현)

성과평가
제도개선
보고서 작성
	성과평가 제도개선 보고서 항목별 세부내역(반드시 포함해야 할 내용)
	
	1. 보고서 개요(1페이지 분량)
	  – 기존 성과평가를 수시평가 체제로 전환하는 배경과 추진 목적
	
	2. 기존 평가제도와 비교했을 때 신규 평가제도로 변경하는 것에 관한 이슈사항 분석(10페이지 분량)
	  – 평가의 핵심 : 성과평가의 대상 비교
	  – 평가대상 : 임원, 팀장, 팀원 각각 비교
	  – 평가 프로세스와 점수부여 방법 비교
	  – 평가 횟수와 점수반영 비율 비교
	
	3. 수시평가 체제 전환에 따른 예산과 시행일정 계획안(2페이지 분량)
	  – 소요예산, 비용
	  – 시행일정과 운영주체별 R&R 부여
	
	4. [부록] 성과평가 설계 세부내용 첨부(50페이지 분량)
	  (전월 작성한 기존 제안내용 활용해 수정사항 반영)

성과는 '좋은 결과'가 아니라 '원하는 결과'

사람들은 '좋은 결과'와 '성과'를 같은 의미로 생각한다.

좋은 결과와 원하는 결과인 성과는 다른 의미다.

'열심히 최선을 다하다 보면 좋은 결과가 나올 것이다.'

이는 근거가 부족한 가설이다.

정해진 기간 내에 기대하는 성과를 창출하기 위해서는

일을 시작하기 전에 수요자가 요구하는 성과기준을

객관화해 상태적 목표로 설정하고

상태적 목표달성을 위한 인과적인 선행과제를

기간별로 목표 중심으로 실행해야 한다.

"성과는 필연적 산출물이고
결과는 우연적 산출물이다."

사전합의를 위한 피드포워드가 중요하다

성과관리는, 일을 하기 전에 또는

기간별(연간, 반기, 분기, 월간 등) 활동이 시작되기 전에

수요자가 기대하는 결과물의 기준을 'KPI + 수치목표'나

상태적인 목표(objective)의 형태로 객관화해 성과목표로 설정하고,

인과적 과정관리를 해 정해진 기간 내에

기대하는 성과를 창출하는 방법이다.

성과관리 방식은 프리뷰, 인과적 실행, 리뷰의 3단계 중에서도

특히 프리뷰 단계에 중점을 두고 코칭하는

피드포워드(feedforward) 방식이다.

성과관리 방식은 상위리더가 하위리더나 실무자에게

사전에 성과목표를 합의하고 인과적 달성전략을 코칭한 다음

실행과정에 대해 권한위임하는 방법으로 진행하기 때문에

자율책임경영 방식이자, 자기주도적으로 일하는 방식이라 할 수 있다.

실적관리는 사후에 평가하고 피드백한다

실적관리(results management)란

일을 하기 전에 지향적 목표(goal)나

연간 목표 대비 기간별 수치목표를 설정하거나

과제와 완료일정을 중심으로 액션플랜으로 계획하고 실행하는 것이다.

일이 끝난 후에는 결과가 어떻게 되었는지

달성률이나 액션플랜대로 이행되었는지 점검하고

부족한 부분을 어떻게 개선하겠는지 피드백하는 방법이다.

실적관리 방식은 사전보다는 사후에 일의 결과를 바탕으로

평가하고 피드백하는 방식이다.

실적관리 방식에서는 상사가 일의 진행상황에 대한

의사결정권을 가지고 실행하는 사람을 통제하는 방식이다.

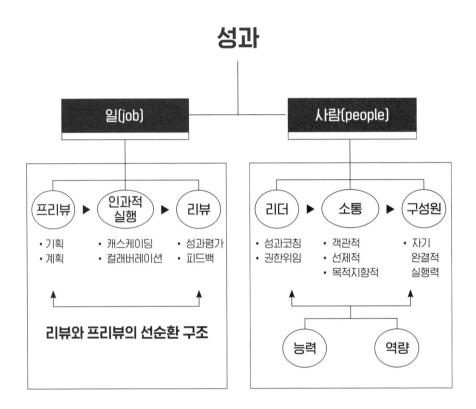

성과창출의 3대 핵심요소

1. 일 관리와 사람 관리

기대하는 성과를 창출하기 위해서는

일(job) 관리와 사람(people) 관리를 균형 있게 해야 한다.

2. 리더도 실무자도 선제적 소통

리더이든 실무자이든 기대하는 성과를 창출하기 위해서는

리더는 일 관리를 통해서 성과코칭과 권한위임을 잘해야 하고

사람 관리를 통해서 소통관리나 실무자의 능력개발과 역량훈련이 필요하다.

실무자의 입장에서도 성과창출 프로세스 단계별로

자신의 생각을 구체화해 리더의 코칭을 통해

자신이 미처 생각하지 못했던 부분들을 깨닫고

리더와의 관계에서 리더를 자신의 업무수행 결과물의

수요자라고 생각하고 항상 수요자 중심으로 일하고

수요자 중심으로 선제적 소통을 해야 한다.

능력과 역량을 진단해 리더의 코칭을 받고

부족한 능력과 역량에 대해서는 자기계발 목표를

최소한 월간 단위로 세우고 지속적으로 달성해 나가야 한다.

3. 성과코칭과 권한위임이 중요

리더는 실무자에게 일을 하도록 할 때
'성과코칭'과 '권한위임'이 성과창출의 핵심역량임을 깨닫고
성과창출 프로세스별로 개념을 명확하게 익히고
단계별 기준에 대해 실무자에게 구체적으로 설명해주어야 한다.

기획과 계획은 다르다

기획(planning)은

성과목표와 달성전략과 소요자원을 결정하는 것이다.

계획(plan)은

기획한 것을 실행으로 옮기기 위해서

일정별로 해야 할 일의 순서를 결정하는 것이다.

계획의 기준은 '기획'에 있다.

왜 성과코칭을 해야 하는가?

	FROM		TO
관리의 중심축	중간관리자, 상사	→	리더와 실무자
근무공간과 시간	오프라인 중심의 집단근무	→	재택, 원격, 개인 중심의 온오프라인 하이브리드 방식
일하는 문화, 일하는 방식	집단주의, 실적관리 방식	→	집단 속의 개인주의, 성과관리 방식
리더 (본부장, 팀장) 역할	상사형	→	리더형
실무자 역할	부하직원 역할, 상사 보조자 역할	→	파트너 역할, 독립적 성과책임자 역할
조직관리, 업무관리, 사람관리 방식	사람과 상사 중심의 근태관리 방식	→	기준과 실무자 중심의 R&R관리 방식

조직관리, 사람관리, 업무관리의 패러다임 변화

상사 중심의 수직적 근태관리는 과거 방식

상사 중심의 수직적 근태관리 방식은,
비슷한 업무분장을 바탕으로 같은 장소에 같은 시간대에 모여
상사의 관리 아래 일하던 과거 방식이다.

실무자 중심의 수평적 R&R관리가 대세

실무자 중심의 수평적 R&R관리 방식이란,
조직별로 기간별(연간, 분기, 월간, 주간, 일일)로
일을 하기 전에 각자 자신의 역할과 책임의 기준을
독립적으로 정하고 리더의 코칭을 받고
권한위임의 전제 아래 자기주도적으로 일하고
성과에 대해 각자 책임지는 방식이다.

성과코칭을 해야 하는 7가지 이유

1. 고객 중심으로 시장의 주도권 이동

시장의 주도권이 기업(공급자)에서 고객(수요자)에게로 이동했다.

이제는 고객이 요구하고 원하는 제품과 서비스를

제공하는 것이 비즈니스의 핵심이다.

고객의 니즈와 원츠에 대한 정보는 실무자가 가장 잘 안다.

그리고 업무수행의 현장 데이터도 실무자에게 있다.

그러므로 실행방법에 대한 의사결정권은 실무자에게 주고

상위리더는 코칭 프로세스를 통해 실무자의 해법을 검증해야 한다.

2. 고도화, 전문화, 세분화된 업무

업무가 고도화, 전문화, 세분화되고 업무수행 도구가 디지털화되었다.

과거처럼 상사가 보고·지시체계를 통해

업무수행 프로세스와 방법에 대한 의사결정할 수가 없다.

제대로 파악할 수 있는 여건이 안 되기 때문이다.

3. 주 52시간 시대 본격화

주 52시간 시대가 본격화되면서 상위리더가
하위리더나 실무자의 일하는 프로세스를
일일이 모니터링하는 것이 현실적으로 어렵다.
때문에 기준과 성과에 대해서는 코칭을 통해 상호공감대를 형성하고
실행과정에 대한 진행방법은 권한위임을 전제로 하는
자기완결형 프로세스를 정착시키는 것이 효율적이다.

4. 일하는 사람들의 세대교체

실무자, 파트리더, 팀장들이 점점 MZ세대로 채워지고 있다.
일하는 사람들이 바뀌니 당연히 업무진행 방식도 달라졌다.
예전처럼 상사가 직원의 업무수행 과정을 하나하나 보고받거나
방법을 지시하는 식으로는 일이 진행되지 않는다.

5. 수평적 역할조직과 자율책임경영으로 혁신

과거 상사들의 업무관리 방법은 지시하고 보고받는 '업무관리' 방식이었다.

하지만 앞으로는 이런 방식이 통하지 않는다.

그러므로 임원이나 팀장과 같은 직책수행자는

상사형에서 리더형으로 스스로 혁신해야 한다.

예전의 '수직적 계층조직'에서는 상사(임원 혹은 팀장)가 필요했지만

앞으로의 '수평적 역할조직'에서는 리더가 필요하다.

임원이나 팀장의 리더십이 발휘되어야

구성원들의 자율책임경영 방식이 정착될 수 있다.

성과코칭과 권한위임은 자율책임경영을 구현하는 필수매개다.

6. 부가가치 높은 미래성과 창출

조직은 성과창출, 즉 성과 내는 일과 인과적인 관계가 있는 실행과제에

한정된 자원을 전략적으로 배분해야 한다.

특히 주 52시간(사실상 주 40시간) 시대에는

한정된 시간과 인력으로 당장 단기성과도 창출해야 하고,

과거성과를 분석해 지속적으로 혁신도 해나가야 한다.

그래야만 미래성과를 창출할 수 있다.

또한 미래성과를 준비하기 위해서는

선행적으로 실행해야 할 과제를 도출하고 선행성과를 축적해야 한다.

외부환경과 내부역량에 관련된 리스크요인들을

끊임없이, 미리미리 예측해 도출하고 대응방안을 수립, 실천해야 한다.

그러므로 단기성과를 창출해내는 일들은

실무자가 스스로 할 수 있도록 코칭해야 한다.

실무자로 하여금 조직에 기여할 역할과 책임 중에서

무엇이 충족되고 무엇이 부족한지 객관적으로 알려주고 깨닫도록 해야 한다.

자기완결적으로 역할과 책임을 완수하도록 코칭하고,
부족한 능력과 역량을 스스로 키워나가도록 도와야 한다.
그리고 리더들은 상대적으로 더 난이도가 높은 과제,
미래지향적이고 중요한 과제를 실행하는 데 시간과 역량을 쏟아부어야 한다.
일상적인 업무활동을 실무자에게 제대로 권한위임하지 않으면
리더들이 실무자 역할을 대신할 가능성이 높다.
리더의 시간과 역량이 부가가치가 더 높은 일에 쓰이지 못하고
실무자 역할과 책임에 배분되는 것이다.
그렇게 되면 역할과 책임의 차별성이 없어지고
한정된 자원을 효율적으로 배분할 수 없다.

7. 실무자의 자기완결적 실행력 향상

생각하는 힘을 길러 자기완결적인 실행력을 높이기 위해서다.

성과코칭은 상대방이 역할과 책임을 올바르게 실행할 수 있도록

스스로 생각하고 해법을 의사결정하도록 도와주는 스킬이다.

성과코칭은 실무자에게 성과창출 프로세스에 대한

단계별 질문들을 명확하게 구분해주고,

그 질문을 통해 자신이 해야 할 역할과 책임져야 하는

결과물, 달성전략, 실행계획을 스스로 검증할 수 있도록 도와준다.

결국 실무자는 기대하는 성과를 정해진 시간 내에 반드시 창출하게 된다.

또 성과코칭은 일이 끝난 후에도 성과평가와 피드백을 통해

개선과제와 만회대책을 찾도록 도와주는 일련의 의도적 활동이다.

스스로 생각하는 힘을 길러주기 때문에 실행력이 저절로 따라온다.

지식을 교육하고 스킬을 훈련시켰다고 해서 실무에 곧바로 적용할 수는 없다.

반복적인 훈련과 코칭 프로세스를 통해 실무자가

스스로 실행방법을 깨닫고 적용할 때 비로소 실행력이 향상된다.

새로운 시대의 리더십이란?

리더십이란,

리더가 책임지고 있는 조직의

현재성과와 미래성과를 지속적으로 창출하기 위해

리더가 해야 할 일을 다른 사람에게 대신하게 해서(임파워먼트)

정해진 시간 내에 리더가 원하는 결과물을

달성할 수 있도록(델리게이션)

매니지먼트하는 제반 역할행동을 말한다.

훌륭한 리더와 뛰어난 리더십은 동의어가 아니다

리더와 리더십은 다르다.

'훌륭한 리더'와 '리더십이 뛰어나다'는 것은 동의어가 아니다.

리더십이란 성과를 창출하게 하는 것이 본질이다.

아무리 훌륭한 리더라도 성과를 창출하지 못하면 리더십이 없는 것이다.

팀장이나 본부장은 리더십이 필요하고

팀원은 팔로어십이 필요한 것이 아니다.

직위와 직책에 상관없이 누구나 리더십이 필요하다.

리더는 리더십을 발휘하고 성과코칭과 권한위임을 통해

실무자의 성과가 잘 창출될 수 있도록 해야 한다.

본부장은 리더십을 발휘해

본부장의 역할과 책임을 수행해 성과를 창출해야 하고

팀장은 리더십을 발휘해

팀장의 차별화된 역할과 책임을 수행해 성과를 창출해야 하고

팀원은 리더십을 발휘해

팀원의 역할과 책임을 수행해 성과를 창출해야 한다.

새로운 리더십의 핵심역량은 성과코칭역량

상사형 팀장이 있고 리더형 팀장이 있다.

상사형 팀장은 함께 일하는 구성원을 부하나 아랫사람으로 바라본다.

자신의 가치관과 과거 경험, 지식을 기준으로 일과 상황을 바라보고

조직 내 모든 일의 의사결정을 자신이 해야 한다고 생각한다.

반대로 리더형 팀장은 함께 일하는 구성원을 동료, 파트너로 바라본다.

리더형은 자신의 과거 경험과 지식이 풍부하지만

모든 의사결정의 기준이 현장의 데이터다.

자신의 일을 권한위임받아 대신 실행하는 구성원들이 의사결정하도록 하고

자신은 코칭을 통해 검증하는 역할을 수행한다.

상사형 팀장의 주특기가 '업무관리'라면

리더형 팀장의 주특기는 '성과코칭'이다.

성과코칭에 대한 일반적인 시각

실적이나 성과가 부진한 구성원을
야단치고 질책하고 잘못을 깨닫게 하는 것을
성과코칭이라고 생각하는 경우가 많다.

그런 경우 구성원에게 해답을 주고 일일이 가르치는 것,
혹은 자신의 경험과 지식만 가지고 훈시나 설교를 하는 것이
올바른 성과코칭이라고 생각한다.

그래서 성과코칭을 경쟁력 있는 활동,
생산적인 활동으로 보지 않는 경향이 짙다.

③ 성과급은 어떻게 서 지급할까?

생각을 묻는 질문과 생각을 들어주는 경청

생각할 때 질문과 경청은 매우 중요하다.
일을 직접 실행할 사람은 리더가 아니라 실무자다.
자신의 생각을 경청하기 위해서는
자신의 생각을 글로 써봐야 한다. 그래야 제대로 알 수 있다.

리더가 실무자에게 해야 할 질문의 핵심은,
오늘, 이번 달, 이번 분기에 가장 우선적으로
'선택과 집중' 해야 할 핵심과제가 무엇인지다.

실무자가 리더에게 질문해야 할 핵심은
상태적 목표와 인과적인 전략, 타깃, 예상리스크 요인에 대한
자신의 생각을 반드시 먼저 밝히는 것이다.
그리고 나서 리더에게 코칭을 받아야 한다.

경청은 그냥 듣기만 하는 것이 아니다.
말하는 사람은 말하면서 자신의 생각을 정리하고
듣는 사람은 이해한 바를 상대방에게 피드백한다.
이 과정까지 다 포함한 개념이 경청이다.

성과코칭은 대상자가
기준에 대한 생각을 정리하게 하고,
정리한 생각을 말하게 하고,
리더가 경청하는 과정을 통해
대상자의 머릿속에 각인되게 한다.

성과코칭을 위한 '질문과 경청'의 핵심은?

질문과 경청은
리더가 실무자에게 하는 것도 필요하지만
실무자가 리더에게 하는 것이 더 필요하다.

또한 자기주도적 실행을 위해서는
실무자가 스스로에게 질문하고 경청하는 것이 기본이다.

질문의 핵심은 '개념'이고
경청의 핵심은 '기록'이다.

성과코칭의 3가지 핵심타깃

성과코칭은 일을 수행하는 모든 사항에 대해 이루어질 수 있지만
특히 다음의 3가지가 핵심타깃이다.

1. 조직에 기여할 미션과 비전

코치는 대상자가 일을 통해 조직에 기여할 가치가 무엇인지,
조직에서 어떤 비전을 위해 자신을 차별화해야 하는지를
대상자 스스로 깨닫도록 하는 질문을 해야 한다.

2. 역할과 책임

각자 직책, 업무, 기능, 기간에 따라 역할과 책임이 다르다.
분기, 월간, 주간 단위로 해야 할 일과 책임져야 할 결과물을
코칭 대상자가 인식할 수 있도록 코칭하고 코칭받는 것이 중요하다.

3. 상태적 성과목표와 인과적 달성전략

코칭 대상자는 일을 시작하기 전에
그 일의 목적에 대해 스스로에게 질문해보라.
코칭을 받기 위해서는 자신이 생각하는
성과목표의 구체적인 모습과 인과적인 달성전략,
예상리스크 요인에 대한 대응방안의 초안을
근거와 함께 준비해 코치와 의견을 나누어야 한다.

성과코칭의 핵심타깃 - 미션, 비전, 목표 사례

나의 미션	나는 해외 중에서도 유럽 임플란트 시장확장을 통해 유럽에서 임플란트 사업의 점유율이 No.1이 될 수 있도록 차별화된 마케팅과 영업에 기여하고자 한다.
나의 비전	2027년 유럽 임플란트 영업 No.1 전문가 (연간 매출 300억, 우수 강연자 네트워크 300명, 유럽 임플란트 영업사례집…)
2023년 성과목표	1. 유럽 국가별 임플란트 유통 거래처 10곳 이상 확보 2. 유럽 내 프리미엄 임플란트 시장점유율 10% 향상에 기여 : 1개 이상 국가에서 최고성과기여자(No. 1 or No. 2)로 인정받기 3. 유럽 임플란트 중단기 영업전략 보고서 작성 업무에 책임수행자로 활약, CEO 승인 및 영업 운영 가이드북 론칭(배포)
2023년 역량목표	1. 매주 1회 유럽 강연자와 네트워킹한다. : 유럽 강연자 50명 네트워킹 2. 매월 1회 국가별 임플란트 상황을 정리해 리포트한다. 3. 매월 1회 새로운 재료, 장비 1가지 이상씩 학습하고 특징을 PPT로 정리한다. 4. 매주 2회 독일어 수업을 1시간 이상 수강한다. : 독일어 1급 자격증 취득 5. 매주 3회 이상 1시간 이상 유산소운동을 한다.

리더가 성과코칭을 망설이는 이유

- 시간 여유가 없고 바빠서 성과코칭 할 시간이 없다.
- 성과코칭에 얼마나 많은 시간과 에너지를 쏟아야 할지 몰라 걱정이 크다.
- 성과코칭 받을 구성원들의 능력이나 수준이 부족한 듯하다.
- 구성원이 성과코칭 받기를 원하고 있는지 미심쩍다.
  MZ세대들은 필요없다고 할 것 같다.
- 성과코칭 하다가 구성원과의 관계가 나빠지지 않을까 염려스럽다.
- 무엇을, 어떻게 해야 하는지 성과코칭 방법을 잘 모른다.
- 직장에서 또는 누군가로부터 성과코칭 방법을 제대로 배운 적이 없다.

여전히 많은 리더가
구성원을 '긍정적으로 사고'하게 하고
'열정적으로 일하도록' 마음먹게 하면
자연스럽게 성과가 창출될 것이라 믿는다.
그만큼 성과창출 메커니즘에 대해 비과학적으로 생각한다.

성과코칭과 화풀이는 다르다

리더로서 일하다 보면 구성원의 행동이나 업무결과에 화가 날 때가 있다.

이럴 때, 리더는 어떻게 반응하고 있는가?

그냥 참고 넘어가려니 분통이 터지고 빙빙 둘러서 말할 때도 있지만,

대부분의 리더는 구성원에게 크게 호통치거나 질책하고 혼낸다.

목표를 달성하지 못했다고 야단치고 질책하는 것이 상책인가?

아니면, 왜 목표를 달성하지 못했는지 객관적인 근거를 중심으로 분석해보고

개선해야 할 점을 피드백해주고 다음에는 목표를 미달하지 않도록

구성원이 스스로 방법을 모색하도록 하는 것이 상책인가?

전통적 업무지도 방식은,

리더 자신의 즉흥적, 감정적 지도와 질책의 반복으로 인해

구성원과 회복되기 어려운 관계로 치달을 수 있다.

그러한 결과가 나오게 된 과정을 분석해보고 원인을 찾아서

반복적인 행동이나 결과가 생기지 않으려면

어떻게 해야 하는지, 개선과제를 상대방이 깨닫게 하고

생각과 행동의 틀을 깨기 위한 코칭의 시간이 필요하다.

성과코칭 핵심스킬 – 트랙(TRAC) 모델

1. 생각(生角, think)

2. 경독청(傾讀聽, read & listen)

3. 질문(質問, ask)

4. 검증(檢證, confirm)

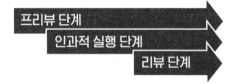

성과코칭 핵심스킬 – 트랙 모델 T

생각(think)은
성과창출 프로세스와 단계별 개념과 기준을 안다는 뜻이다.
특히 프리뷰 단계에서의 핵심과제도출과 성과목표 설정,
고정변수와 변동변수 전략 수립, 예상리스크 대응방안 수립과 플랜B 수립,
액션플랜 수립에 대한 개념과 실행기준에 대해 구체적으로 알아야 한다.
인과적 실행 단계에서는 캐스케이딩과
협업하는 방법에 대해 이해하고 있어야 하며
리뷰 단계에서는 성과평가와 과정평가와 전략평가,
피드백에 대한 개념과 방법에 대해 이해하고 있어야 한다.

코칭하는 리더와 코칭 대상자인 실무자가
단계별로 어떤 역할을 해야 하는지에 대한 이해도 필수다.

성과코칭 핵심스킬 – 트랙 모델 R

경독청(read & listen)은
코칭 대상자의 역할과 책임, 달성전략과 실행방법의 기준에 대한
대상자의 생각을 대상자가 작성한 글과 대상자의 말로 듣는 것이다.
이를 바탕으로 리더는 실무자의 능력과 역량을 제대로 진단해
실무자에게 부여할 수 있는 역할과 책임의 크기와 수준을 가늠한다.

프리뷰 단계에서 경독청이 가장 많이 이루어지는데
과제를 본격적으로 실행하기 전에 대상자가 과제의 목표,
달성전략, 실행방법에 관해 구체적으로 기획과 계획을 세우고
리더와 공감대를 이루고 합의에 이르도록 해야 하기 때문이다.
인과적 실행단계에서는 경독청의 초점이
실시간으로 발생하는 실행 이슈로 옮겨지고,
리뷰 단계에는 기대한 결과물과 실제 결과물에 관한
실무자의 자기평가에 대한 경독청이 중요해진다.

성과코칭 핵심스킬 – 트랙 모델 A

질문(ask)은
경독청한 내용에 대해 코칭 대상자가
왜 그렇게 목표와 전략을 수립했는지
그렇게 하면 기대하는 결과물을 이루는 데 문제가 없는지 등을
코치가 기준과 비교한 내용을 근거로 물어보는 것이다.
질문을 통해 대상자는 스스로 생각하고 깨달아 해법을 찾고
성과창출방법을 개선하고 역량을 발전시킨다.

특히 코치는 성과관리 프로세스 단계별 기준에 대해
대상자가 작성한 글이나 대상자가 한 말을 근거로 자세히 묻고
대상자가 생각하고 답하는 과정에서 스스로 최적의 해법을 찾도록
자극해주어야 한다.

성과코칭 핵심스킬 – 트랙 모델 C

검증(confirm)은
생각, 경독청, 질문과정을 통해
성과창출 프로세스의 각 단계에 대한 코칭 대상자의 생각을
기준과 부합하는지 비교, 분석하는 것이다.
리더가 생각하기에 코칭 대상자의 생각이 아무리 그럴듯하더라도
기준의 조건에 부합하지 않으면 질문과 경독청 과정을 통해
명확하게 해법을 깨닫도록 유도해야 한다.
검증은 핵심과제, 성과목표, 고정변수·변동변수 달성전략,
예상리스크 대응방안, 캐스케이딩, 협업, 성과평가와 피드백 등
각 단계별 기준을 제시하고 코칭 대상자가 생각하는 내용이
기준에 부합되게 구조화되었는지 기준과 비교, 분석하는 작업이다.

일과 성과의 기준에 부합하고 내용이 타당하다면
리더는 대상자가 확신을 갖도록 도와준다.
리더가 검증해준다는 것은 단순히 공감하는 것을 넘어
공동의 성과책임자로서 합의를 해주는 것이다.
확실한 검증이 어려운 상황에서는 잠정적인 확인을 통해
프리뷰, 인과적 실행, 리뷰의 세부단계로 일이 진전되도록
지지해주어야 한다.

성과코칭 기본도구 : R&R 스케치페이퍼

성과코칭은 리더와 대상자(실무자)가
성과에 대한 공동의 역할과 책임을 협업하는 과정이다.

성과코칭 하는 사람(리더)의 요구사항 - 코칭 대상자가 기술		코칭 대상자(실행자)가 생각하는 성과목표와 인과적 달성전략 - 코칭 대상자가 기술	
1. 무엇을 (what)?	지시받았거나 요청받은 과제를 구체적으로 적는다.	4. 원하는 결과물 (상태적 목표)	실행자가 생각하기에 지시받은 과제들 완료했을 때 기대하는 결과물의 모습을 구체적으로 세부내역의 형태로 나열한다. 동사나 대명사로 적지 말고 명 사로 적는다.
2. 언제까지 (when)?	언제까지 완료해야 하는지 납 기(dealine)를 적는다.	5. 달성전략/ 공략방법 (how to)	실행자가 생각하기에 원하는 결과물을 달성하기 위한 인과 적 전략과 공략방법을 적는다.
3. 왜(why)?	과제수행 이유나 배경, 목적 등 을 적는다.	6. 지원요청 사항	달성전략과 공략방법대로 실행 할 때 일을 지시한 사람이 지원 해주길 바라는 요청사항을 적 는다.

결과물 중심의 상태적 목표란?

성과코칭의 1차 대상은 리더가 기대하는 결과물의 기준을 중심으로

코칭 대상자가 상태적 목표(objective)를 수립하도록 하는 것이다.

무슨 일을 하든지 실행자가 생각해야 할 가장 중요한 것은

바로 일을 하고 나서 수요자가 기대하는 결과물의 기준이 무엇인가다.

성과코칭은 코칭의 대상이 성과이기 때문에

성과의 기준을 사전에 구체화해야 성과창출의 과정을 의사결정할 수 있다.

성과코칭에서 가장 중요한 단계가

기대하는 결과물의 기준을 객관화해 상태적 목표,

성과목표조감도의 형태로 성과의 기준을 설정하는 프리뷰 단계다.

그다음 단계가 기대하는 결과물의 기준인

목표를 달성하기 위한 전략을 타깃 중심으로 수립하기 위해

목표를 고정변수와 변동변수로 구분하고 변수별 공략방법을 결정하는 것이다.

상태적 목표와 고정변수, 변동변수가

성과코칭에서 가장 중요하게 다뤄야 할 2가지다.

코칭 커뮤니케이션 – 1단계 일하기 전에

일하기 전에 기대하는 결과물을 사전에 합의한다

1. 코칭 대상자(실무자)는 부여된 업무과제나 목표를 :

   일이 완료되었을 때 기대하는 결과물로 표현한다.

   객관적인 현상을 분석하고 현장 데이터를 확인해

   세부내역까지 구체적으로 드러나게 표현한다.

2. 과제를 부여하는 본부장이나 팀장과 같은 상위리더는 :

   과제나 해야 할 일 정도를 말하기 때문에

   기대하는 결과물의 구체적인 내용이나 소요일정은

   실행할 사람이 제안하는 것이 현실적이다.

   기본적인 요구조건이나 마감일정이 정해진 경우도 있지만

   현장과 현실의 상황을 반영한 구체적인 그림은 실무자가 제안해야 한다.

3. 기대하는 결과물이 구체화되었으면 :

   대략적인 달성방법을 제안하고 그에 대해 코칭받는다.

코칭 커뮤니케이션 – 2단계 일하는 중에

기간별 과정 결과물, 아웃풋을 정기 리포트한다

1. 과제 마감일정에 따라 월간, 주간 단위로 :

   3주 플랜(3 weeks plan)을 정기적으로 보고한다.

   3주 플랜이란, 지난주에 진행한 결과물,

   이번 주에 진행할 과제와 결과물,

   다음 주에 진행할 과제와 결과물에 관한 내용이다.

2. 과제의 성격에 따라 일을 시작하고 나서 :

   공정률이 50% 되는 시점에

   진행상황과 중간결과물을 정리해서 리포트하고

   앞으로 남은 과정을 어떻게 진행할 것인지,

   남은 결과물은 어떤 형태인지를 구체적으로 리포트한다.

   상위리더의 의도와 일치하는지 다시 확인하고 코칭받는다.

간혹 실무자가 리더에게 "완성되면 보여드리겠습니다."라고 하는데,
이것은 '마감일까지 궁금해하고 불안해하시라'는 말과 똑같다.
실무자가 일에 대한 책임을 다한다는 것은
조직의 성과를 책임지는 상위리더에 대한
선제적 소통까지 포함한다.

코칭 커뮤니케이션 – 3단계 일하고 나서

스스로 먼저 성과평가를 하고 리더에게 피드백한다

1. 사전에 합의한 내용과 실제 결과물의 차이 :

   일을 다 끝내고 나서 "다 됐습니다, 한 번 봐주십시오"

   "지금부터 설명드리겠습니다." 하지 말고

   사전에 일을 요청한 사람이나 상위리더와 합의한 내용,

   혹은 코칭받은 내용과 비교했을 때 실제 결과물이

   어떻게 산출되었는지 분석하고 평가해서

   부족한 부분이 무엇인지, 원인이 무엇이고 어떻게 개선할지를

   객관적 사실을 바탕으로 간략하게 적어

   리뷰 시트(review sheet) 맨 앞에 헤딩(heading) 페이지로 첨부한다.

2. 보고할 때는 결론부터 말하는 것이 핵심 :

   보고받는 사람이 과정을 질문하면 그 부분을 부연설명하면 된다.

   수요자가 기대하는 결과물의 달성 여부부터 밝히라는 뜻이다.

   현황이나 상황을 주저리주저리 설명하지 마라.

   CEO, 상위리더, 보고 듣는 사람은 장황한 상황설명을 제일 싫어한다.

   또 보고하는 사람의 여러 단점 중에 가장 고쳐지지 않는 것이

   상황부터 설명하는 습관이기도 하다.

   → 일을 실행할 때 가장 중요한 것은 첫째도, 둘째도, 셋째도

   공급자 관점이 아닌 수요자 관점을 가지는 것이다.

성과코칭의 핵심은 피드백과 피드포워드

피드백	피드포워드
과제(역할) 수행 후 해당 과제가 처음에 목표한 대로, 계획대로 수행되었는지 성과와 전략의 과정을 리뷰하고 원하는 성과가 나오지 않았을 경우 실행한 전략과의 인과관계를 분석해 개선해야 할 과제와 만회해야 할 대책을 구성원이 인식할 수 있도록 코칭해주는 것이다	과제수행을 통해 기대하는 성과목표가 성과로 창출될 가능성을 높이기 위해 일을 수행하기 전에 과제의 현황을 객관적으로 파악하고 상태적 목표를 설정하고 중점적으로 공략해야 할 고정변수와 변동변수에 대한 공략전략과 예상리스크 대응방안, 액션플랜에 대해 구성원이 스스로 현장과 현상 데이터 중심으로 수립하도록 코칭하는 것이다.
과거에 대한 리뷰	**미래에 대한 프리뷰**

성과코칭 5단계 프로세스 개요

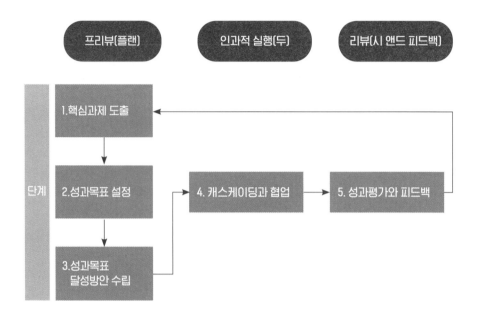

반드시 프로세스대로 이행해야 한다

성과코칭의 목적은 정해진 기간 내에
성과코칭 대상자가 성과를 창출하게 하는 것이다.
성과를 제대로 창출하려면 최소한 5단계를
반드시 프로세스대로 이행해야 한다.

프리뷰 단계

1단계는 핵심과제를 선정하고 현황을 객관적으로 파악하고
2단계는 성과목표를 상태적으로 설정하며
3단계는 성과목표 달성방안을 고정변수와 변동변수,
예상리스크 대응방안과 액션플랜 관점에서 수립한다.

인과적 실행 단계

4단계는 수립한 성과목표 달성방안을 제대로 실행하기 위해
연간목표나 최종목표를 분기나 월간 단위의 기간별로
과정목표로 수립하는 캐스케이딩과
상하위 조직 간 수직적 협업과 유관부서 간 수평적 협업을
실행하는 것이 중요하다.

리뷰 단계

5단계는 설정한 목표와 달성한 성과를 평가하고
개선과제와 만화대책을 수립하는 성과평가와 피드백이 중요하다.

성과코칭 단계별 주요 액티비티

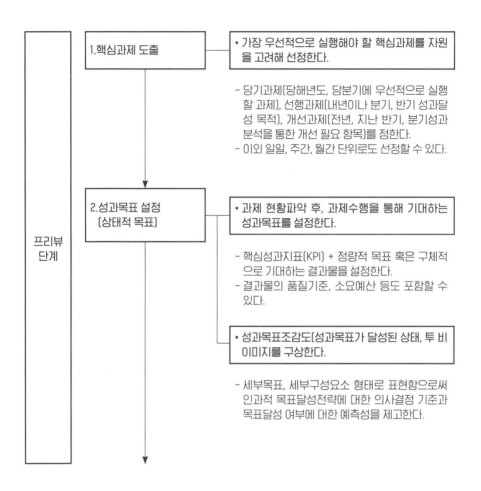

프리뷰
단계

1.핵심과제 도출

- 가장 우선적으로 실행해야 할 핵심과제를 자원을 고려해 선정한다.

- 당기과제(당해년도, 당분기에 우선적으로 실행할 과제), 선행과제(내년이나 분기, 반기 성과달성 목적), 개선과제(전년, 지난 반기, 분기성과 분석을 통한 개선 필요 항목)를 정한다.
- 이외 일일, 주간, 월간 단위로도 선정할 수 있다.

2.성과목표 설정
(상태적 목표)

- 과제 현황파악 후, 과제수행을 통해 기대하는 성과목표를 설정한다.

- 핵심성과지표(KPI) + 정량적 목표 혹은 구체적으로 기대하는 결과물을 설정한다.
- 결과물의 품질기준, 소요예산 등도 포함할 수 있다.

- 성과목표조감도(성과목표가 달성된 상태, 투 비 이미지를 구상한다.

- 세부목표, 세부구성요소 형태로 표현함으로써 인과적 목표달성전략에 대한 의사결정 기준과 목표달성 여부에 대한 예측성을 제고한다.

프리뷰 단계	3. 성과목표 달성방안 수립	• 갭(gap)을 도출하고 갭을 줄이기 위한 달성전략을 수립한다.
		– 구체화한 성과목표(to be)와 현재 수준, 상태(as is)의 차이를 분석한다. – 공략대상(타깃)과 공략전략(고정변수, 변동변수 각각)을 수립한다.
		• 예상리스크 대응방안을 수립한다.
		– 외부환경 리스크요인 : 통제 불가능한 외부환경 요소인 고객, 경쟁사, 시장정책 요인에 대한 대응방안과 플랜B를 준비한다. – 내부역량 리스크요인 : 필요한 역량이나 능력의 준비도를 파악하고, 시간·자원의 부족 여부, 조력자 유무 등을 체크한다.
		• 성과목표 실행을 위한 액션플랜을 도출한다.
		– 기간별 실행과제, 절차, 소요자원을 구체화하고, 일정계획을 수립한다.

인과적 실행 단계	4. 캐스케이딩과 협업	• 성과목표 달성을 위해 필요한 자원을 조직별, 기간별로 전략적으로 배분한다.
		– 한정된 시간과 자원(인원, 예산 등)을 우선적으 로 투입할 과제와 목표를 선정한다.
		• 공간적 캐스케이딩(상하 간) – 책임조직별 아웃풋을 관리한다.
		– 역할과 책임의 권한위임 프로세스를 확인한다. – 상하 조직 간의 권한, 관리범위(관리목표)와 책 임범위(책임목표)를 구분한다.
		• 시간적 캐스케이딩(개인 간) – 기간별 아웃풋을 관리한다.

		– 환경변화에 따른 시점별 롤링플랜(rolling plan)
		  을 수립한다(분기, 반기, 월간 등).
		– 실행방법 : 성과목표조감도상 세부목표에 영향
		  을 주는 외부환경 요인과 내부역량 요인별러 맞
		  춤식 대응방법을 마련한다.
		– 실행절차 : 업무추진 절차를 검토한다(현상분
		  석, 원인도출, 해결방안 도출, 세부 실행방안 수
		  립).
		– 실행일정 : 업무추진 절차별로 일정, 시간을 설
		  정하고 기간을 준수한다.

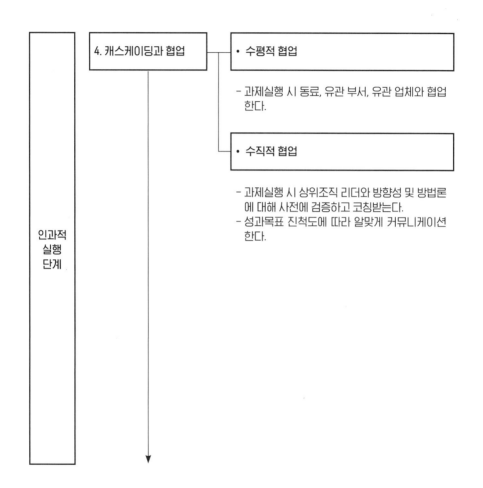

인과적
실행
단계

4. 캐스케이딩과 협업

• 수평적 협업

- 과제실행 시 동료, 유관 부서, 유관 업체와 협업
한다.

• 수직적 협업

- 과제실행 시 상위조직 리더와 방향성 및 방법론
에 대해 사전에 검증하고 코칭받는다.
- 성과목표 진척도에 따라 알맞게 커뮤니케이션
한다.

리뷰 단계	5. 성과평가와 피드백	• 사전에 합의한 성과목표와 달성한 성과 사이의 갭을 분석한다.
		- 사전에 합의한 성과목표 : 연초 합의사항 또는 변경사항을 반영해, 과제 시작 전 합의한 결과물이다. - 성과목표조감도의 세부내역과 달성성과의 차이(달성 항목과 미달성 항목 비교)를 밝힌다.
		• 기획한 목표달성 방안과 실행한 목표달성 방안 사이의 갭을 분석한다.
		- 목표달성에 결정적 영향을 끼친 성과목표조감도의 세부구성요소를 파악한다. - 외부환경요소와 내부역량요소를 도출해 적절성을 분석한다. - 예상리스크 대응방안과 플랜B의 적절성을 분석한다.

리뷰 단계	5. 성과평가와 피드백	• 자기평가 (원인분석, 개선과제 도출, 만회 대책 수립)
		- 성과 초과 또는 미달성 원인을 분석한다(문제의 현상을 기재하는 것이 아니다). - 원인해결을 위한 개선과제를 도출하고, 개선과제의 목표와 실행완료 일정을 수립한다. - 성과 미달성 부분에 대한 만회대책을 세우고 일정을 수립한다.
		• 리더의 코칭과 피드백
		- 개선과제 : 대상자의 본인평가(성과와 과정평가 결과, 성과 미달성 원인, 개선과제)에 대한 근거와 기준을 검증한다(코칭기법 활용). - 만회대책 : 대상자의 만회대책에 대해 실현 가능여부를 검증한다(근거, 데이터 및 코칭기법활용).

1. 프리뷰(플랜) : 핵심과제 도출과 성과목표 설정

프리뷰 단계는 플랜 단계라고도 한다.
연간, 반기, 분기, 월간 단위로 일을 시작하기 전에
프리뷰 단계의 액티비티를 실행한다.
또 일상적 과제단위의 업무를 수행할 때도 일을 시작하기 전에
반드시 거쳐야 하는 단계가 바로 프리뷰, 플랜이다.

프리뷰 단계는 성과를 창출하기 위해 기획하고 계획하는 과정이다.
기획이란, 핵심과제를 도출하고 성과목표를 설정하고
인과적인 달성전략과 예상리스크 대응방안을 수립하는 것이다.
계획이란, 기획한 것을 실행으로 옮기기 위해
기간별로 반드시 실행해야 할 주요과제의 순서를
일정별로 정하는 것을 말한다.

1단계 : 핵심과제 도출

핵심과제란

정해진 기간 내에 조직이나 개인이 한정된 자원과 능력과 역량을

가장 우선적으로 쏟아부어야 할 업무나 과제다.

핵심과제는 역할 중에서도 가장 중요한 역할(role)이라는 의미다.

사용조직이나 개인에 따라서 전략과제, 주요과제,

중점과제, CSF(Critical Success Factor), 우선과제 등

다양한 이름으로 표기되는데 직무(job)명이나

활동(activity)이 아니라 과제(task)다.

지침이나 방침의 형태가 아니라 실제 해야 할 일을 표기하는 게 중요하다.

'이익극대화', '경쟁우위확보'와 같이 지침을 표기하거나

'매출관리', '공정관리'와 같이 직무명을 표기하는 것이 아니다.

'중국 지역 고객확보', '본부장, 팀장 리더십 평가지표 개선',

'A설비 성능개선'과 같이 역할대상(타깃)이 구체적으로 표기되고

'○○확보', '○○개선'과 같이 역할 방향에 관한

가치 지향적인 표현이 포함되어야 한다.

핵심과제를 제대로 도출해야 하는 이유

조직이나 개인이 가지고 있는 능력과 역량은
단기간에 향상시킬 수 없다.
시간, 정보, 예산과 같은 자원은 한정되어 있고,
달성해야 목표수준은 높다 보니
자신에게 업무분장된 모든 일을 다 할 수가 없다.
정해진 기간 내에 상위조직의 성과목표 달성에
결정적인 영향을 미치는 인과적인 과제들을
우선적으로 선별해 '선택과 집중'을 할 수밖에 없다.

핵심과제를 선정할 때는 조직별 과제선정도 중요하지만
직책별로 고유하게 실행하고 성과를 책임져야 할 핵심과제를
차별화시켜 선정하고 역할분담 하는 것이 중요하다.

대개 핵심과제를 조직과제로 선정하고

팀원들이 1차 초안을 만들거나 실행을 하고

팀장이나 상위조직 리더들은 보고받고 지시하는 경우가 많다.

이렇게 되면 핵심과제를 책임지고 실행해

성과를 책임져야 할 주체가 누구인지 불분명해진다.

따라서 R&R을 명확하게 해놓아야

실무자는 책임감을 갖고 핵심과제를 실행할 수 있다.

핵심과제의 종류

당기과제

당면과제 또는 현안과제라고도 하는데
상위조직의 당기 성과창출에 기여하기 위해
정해진 기간 내에 실행해 성과를 창출해야 할 가장 시급한 과제다.

선행과제

미래 또는 중기성과를 창출하기 위한 과제로,
분기나 월간 단위의 다음 기간의 성과창출을 위해
당기부터 선행적으로 미리 수행하고자 하는 과제다.

개선과제

과거의 성과부진의 원인으로 작용하는 요인을 찾아
향후 성과창출에 부정적인 영향을 미치지 못하도록 개선해야 할 과제다.

선행과제와 개선과제의 의의

선행과제	개선과제
선행과제는 분기나 월간단위로 성과관리 할 때 매우 중요하다. 다음 반기나 분기 성과를 창출하기 위해 이번 분기, 이번 달에 반드시 선행적·인과적으로 실행해야 할 과제이기 때문이다.	지난 기간의 성과부진의 원인을 분석해보면 주로 능력이나 역량과 관련된 부분이 많다. 실무자나 상위리더가 부족한 능력과 역량을 향상시키지 않으면 반복적으로 성과가 부진할 수밖에 없다. 개선과제를 도출하는 데서 끝내지 말고 개선과제의 목표를 세우고 실행해야 한다.

핵심과제를 도출하는 기본방법

1. 상위조직으로부터 주어지거나 배분받는 경우

상위조직 리더로부터 상위조직의 성과목표 달성을 위해

하위조직이나 담당자가 기여할 선행과제를

회의나 워크숍 과정을 통해 기간별로 부여받는다.

상위조직이 하위조직에 과제를 부여하는 것이 정상이지만

통상 하위조직이나 담당자가 상위조직 리더에게

과제를 제안하는 경우가 많다.

2. 대상자가 스스로 핵심과제를 도출하는 경우

상위조직의 목표를 확인하고, 세부목표 중에
자신의 역할과 관련된 목표를 당기과제로 도출한다.
상위조직의 내년(차기) 성과목표나
자신의 차기 성과목표를 구체화하고
올해부터 선행적으로 먼저 실행해야 할 과제를
선행과제로 설정한다.
자신의 전년도(전기) 성과분석을 통해
성과부진의 원인을 해야 할 개선과제를 도출한다.

핵심과제 기준 검증을 위한 핵심질문

스토리텔링 흐름에 따라 질문하면 빠뜨리지 않고 할 수 있다.

1. 과제로 선정할 만큼 중요하고 우선순위가 높은 일(역할)인가?

2. 과제의 성격은 당기과제인가? 선행과제인가? 개선과제인가?

3. 과제를 수행하고자 하는 이유와 목적은 무엇인가?

4. 과제수행의 방향이 명확한가?

5. 과제의 대상이 구체적이고 뚜렷한가?

6. 과제의 수요자가 요구하는 기준은?

7. 과제의 현재 상태는 어떤가?

8. 과제수행을 통해 기대하는 결과물의 대략적인 모습은?

9. 과제는 해당 기간에 완료할 수 있는가?

10. 과제의 상위리더, 수행책임자, 협업자, 지원자는 누구인가?

11. 과제수행에 필요한 자원(인력, 예산 등)은 고려했는가?

핵심과제 도출 프로세스와 리더와 코칭 대상자의 역할

프로세스	상위조직의 목표, 자기조직의 목표를 확인하고 당기과제 도출	상위조직의 내년 목표나 자기조직의 반기, 분기 목표를 확인하고 선행과제 도출	전년도, 전분기 성과부진의 원인을 분석해 개선과제 도출	과제의 우선순위와 수행책임자 역할부여
리더의 역할	• 리더는 코칭 대상자들의 핵심과제를 도출할 때 각자 자신이 생각하는 핵심과제를 도출하게 하지 말고, 리더가 워크숍을 통해 조직의 성과목표를 달성하기 위한 당기과제, 해당 조직의 내년이나 중장기 성과창출을 위한 올해의 선행과제, 전년도 성과분석을 통한 성과부진의 원인을 해결하기 위한 개선과제를 도출한다. • 모든 과제를 코칭 대상자에게만 맡기지 말고 선행과제나 개선과제의 일부, 당기과제 중에서도 변동변수를 공략하기 위한 과제나 예상이 어려운 리스크를 대응하기 위한 과제는 리더가 수행책임자를 맡도록 조정한다.			
코칭 대상자의 역할	• 핵심과제 도출을 위해서는 분석작업이 제일 중요하다. • 객관적인 데이터를 바탕으로 분석을 제대로 하기 위해서는 실제 업무를 담당하는 코칭 대상자들이 업무 데이터 현황을 제공하는 것이 중요하다. • 개선과제와 예상리스크 대응과제는 코칭 대상자들이 1차 분석자료를 작업해 리더의 코칭을 받는 것이 필요하다.			

핵심과제 도출을 위한 템플릿 – 당기과제

당해연도 말 성과목표	당해연도 초 현재 수준	갭	갭을 메우기 위한 핵심 당기과제	완료일정
• 상위리더와 합의해 결정한 당해연도 말에 책임져야 할 목표나 과제를 나열한다.	• 목표로 결정한 수치목표나 과제의 현재 상태, 현재 수준을 객관적인 데이터를 활용해 정리한다. • 목표와 관련 있는 상위리더나 유관부서의 요구사항이 있으면 적는다. • 영업이나 생산업무와 같이 연속되는 업무의 경우 현재 수준은 전년말 수준이 된다. • 가급적 세부내역이 구체적으로 드러나도록 적는다.	• 성과목표와 현재 수준의 차이와 개요를 적는다.	• 차이가 발생한 내용을 구체화해 적는다 • 차이를 줄이거나 극복하기 위해 해야 할 과제의 내용과 방향에 대해 적는다	• 정해진 기간 내에 목표를 달성하려면 해당 당기과제가 언제까지 완료되어야 하는지 적는다. • 최종 마감기일에 이르는 단계적인 기간과 일정의 개요를 적는다.

핵심과제 도출을 위한 템플릿 – 선행과제

중기 성과목표 (상위조직의 중기목표, 해당 조직의 중기목표)	당해연도 초 현재 수준	갭	갭을 메우기 위한 핵심 당기과제	완료일정
• 코칭 대상자가 소속된 조직의 상위조직이나 해당 조직의 중기목표를 구체적으로 적는다.	• 중기목표나 중기과제의 현재 수준(수치)이나 과제의 현재 상황을 가급적 객관적인 데이터나 사실을 중심으로 기술한다.	• 차이가 나는 내용을 수치나 항목 중심으로 적는다.	• 차이가 나는 내용을 구체화해 적는다. • 차이를 메우기 위해 당해연도에 코칭 대상자가 선행적으로 실행해야 할 과제의 내용과 방향에 대해 적는다.	• 과제의 올해 완료일정을 적는다. • 완료일정을 향한 단계적인 기간과 일정의 개요를 적는다.

전년 성과목표 대비 실제 성과의 갭	원인분석	개선과제	완료일정
• 코칭 대상자의 전년 성과목표와 실제 성과를 비교, 분석해본다. 차이가 나는 부분이 어느 정도인지 비교해 나열한다.	• 차이가 나는 원인을 분석해 적는다. • 이때 외부환경이나 구조적인 요인보다는 코칭 대상자의 능력이나 역량, 업무 프로세스와 관련된 원인이나 문제점을 찾는다.	• 도출한 미달성 원인으로 인한 문제가 재발하지 않으려면 올해 무엇을 어떻게 바꿔야 할지 개선과제를 적는다. • 문제해결을 위한 과제의 내용과 방향에 대해 적는다.	• 과제수행을 완료해야 할 일정을 적는다. • 막연하게 '12월 말'이라 하지 말고 구체적인 완료일정을 적는다. • 완료일정에 이르는 과정일정의 개요를 적는다.

[Q&A] 핵심과제 도출에 관해 궁금한 점

Q1 핵심과제와 목표를 굳이 구분하는 이유가 있는가? 목표만 표기하면 안 되는 이유라도 있는가?

A1 과제는 해야 할 일, 즉 역할이다. 역할이 불분명하면 목표를 설정할 수 없다. R&R은 역할(role)과 책임(responsibility)의 약자로 '역할과 책임'은 한 세트이다. 상위조직에서 제시하는 '매출액 2,000억 달성', '전년 대비 광고비 20% 감소'와 같은 목표는 보통 지향적 목표(goal)를 통해 제시되는 '과제'다.

$Q2$ 연간과제나 월간과제, 팀과제나 팀원과제의 명칭이 똑같아도 무방한
가?

$A2$ 과제는 역할이기 때문에 명칭이 서로 다를 수밖에 없다. 연간과제는
최소 1분기 이상의 수행기간이 필요하다. 연간과제라고 부르지만, 매
일, 매주, 연간 내내 수행되는 과제다. 과제명칭은 해당 기간, 해당 담당자의 역
할을 나타내기 때문에 모두 달라야 한다.

Q3 매번 선행과제, 당기과제, 개선과제를 균형 있게 도출해야 하는가?

A3 연간이나 분기 단위는 가급적 균형 있게 과제를 도출해보고, 월간이나 주간 단위 혹은 팀원 레벨에서는 선택과 집중을 해도 무방하다. 단, 연간 단위는 말할 것도 없고 최소한 월간 이상의 성과과제에는 선행과제와 개선과제를 넣어야 한다.

2단계 : 성과목표 설정

목표(目標)란 무엇인가?

목표란, 할 수 있는 수준이 아니라 '되어야 하는 수준'이다.

골(goal)과 오브젝티브(objective)는 다르다

우리는 어릴 때부터 목표를 세워라, 비전을 가져라,

무슨 일이든 목표가 있어야 성공한다는 이야기를 듣고 자랐다.

부모님들, 선생님들은 '목표의 중요성'에 대해 귀가 따갑도록 강조하셨다.

그렇다면 여러분들은 목표가 무엇이라고 생각하는가?

111

목표에 대한 일반적인 생각

대부분은 어릴 때부터 목표라는 말을 익숙하게 들어왔기 때문에
자신이 목표에 대해 잘 알고 있다고 생각한다.
그러나 실제 목표의 개념이나 정의에 대해 물어보면
정확하게 아는 경우가 매우 드물다.
숫자, 지향하는 바, 목적지, 과제와 일정을 뭉뚱그려 목표라고 생각한다.

특히 조직에서 목표를 부여했느냐고 물어보면
'무엇을 언제까지 완료하라'는 지시를 받았다고 대답한다.
이처럼 실행해야 할 과제를 목표로 생각하거나,
달성해야 할 수치목표, 즉 숫자를 목표로 생각하거나,
언제까지 달성할지, 즉 일정을 목표로 생각하는 경우가 많다.

목표란 무엇인가?

目   標

눈 **목**   나타낼 **표**

과제수행을 통해
수요자가 원하는 결과물의 기준을
객관적이고 가시적인 형태로
표현해놓은 것.

MBM ⟶⟵ MBO

(Management By Manager)   (Management By Objective)

목표에 의한 관리, 상사에 의한 관리?

목표관리는 MBO라고 하는데
이것은 '목표에 의한 관리'다.

MBO의 대척점에 있는 개념은 MBM이다.
'상사에 의한 관리'라는 의미다.

MBO는 관리자가 아닌 목표에 의한
자율책임경영의 의미가 포함된다.

목표의 전제조건

목표의 3가지 전제조건은 품질기준, 원가, 기간이다.
한정된 경영자원의 범위 내에서 성과를 창출해야 하는 것이 전제조건이다.

- 품질기준이란, 조직 전체 차원에서 기본으로 준수해야 할 여러 기준
  (예를 들어 ISO 기준, 수질 환경 기준 등)을 포함한다.

- 원가란, 조직을 유지하고 존속시키기 위해 지켜야 하는
  총비용의 한계치다(예를 들어 유동자금 100억 원 이상 사용 불가).

- 기간이란, 고객의 요구가 반영된 기일로서
  (예를 들어 크리스마스 시즌 상품, 건설공사 납품 기일)
  수행자가 조절할 수 없는 납기다.

성과목표의 기준

성과목표란,
핵심과제 수행을 통해서 정해진 기간 내에
수요자가 기대하는 결과물의 기준을
객관적으로 표현해놓은 상태다.

성과목표의 대상은 핵심과제가 아니라
핵심과제를 수행한 예상결과물이다.

성과목표의 기준은
실행자 기준이 아니라 수요자 기준이다.

목표의 종류

1. 실행목표와 성과목표

실행목표는 행위목표, 실적목표라고도 하는데
과제수행 행위 자체를 계량화, 수치화한 목표다.
방문횟수, 협의건수, 개최건수, 교육횟수 등과 같이
과제수행을 위해 얼마나 열심히 노력할 것인지,
실행행위를 얼마나 할 것인지를 수치로 표현한다.
성과목표는 목적목표라고도 하는데
과제수행의 목적을 달성한 결과물의 기준을 객관화한 상태다.

2. 과정목표와 최종목표

과정목표는 과정결과물의 기준을 객관화한 상태다.

과정목표는 주간, 월간, 분기와 같은 기간별로 설정하는 것이 매우 중요하다.

최종목표는 최종결과물의 기준을 객관화한 상태다.

최종목표를 설정하고 과제를 수행하는 것이 중요하지만

기간별 과정목표를 설정하고 인과적 과정관리를 하는 것이

성과창출의 핵심 두하우(do how)이기 때문이다.

3. 지향적 목표와 상태적 목표

지향적 목표(goal)는 도달점이나 가고자 하는 방향을 제시한다.

상태적 목표(objective)는 목표가 달성된 상태를 구체화한 것이다.

목표의 개념을 구분할 때 특히 중요한 것이,

지향적 목표와 상태적 목표의 차이를 아는 것이다.

매출 1,500억 달성, 원가 15% 절감 같은 목표는,

지향하는 결과치만 제시할 뿐 '원하는 결과물이 달성된 상태'가 무엇인지를

구체적으로 알 수가 없다.

목표는 미래의 대리인

"목표는 미래의 대리인(agency)이자
상위 리더의 대리인이다."

"목표는 '할 수 있는 수준'이 아니라
'되어야 하는 수준'이다."

성과목표의 3대 요소

성과목표는 다음과 같은 3가지 요소를 기본으로 갖추어야 한다.

1. 일정

언제까지 결과물이 완료되어야 하는지 마감기한(deadline)이 명확해야 한다.

2. 수준

성과목표가 달성되었을 때 결과물의 수준(level)이 객관적으로 표현되어야 한다.

3. 상태

성과목표가 달성된 결과물의 상태(achieved state)가
세부내역의 형태로 구체적으로 묘사되어야 한다.
세부내역은 세부목표의 형태로 표현된다.

성과목표는 왜 설정해야 하나?

'시작이 반'이라는 말이 무슨 뜻일까?

어떤 일이나 과제를 수행할 때 그것을 통해 얻고자 하는 결과물을

시작단계에서부터 구체적으로 구상하라는 의미다.

성과목표가 제대로 수립되거나 설정되지 않은 채로

일단 착수부터 하는 경우가 있다.

그런 경우 과제수행을 통해 기대하는 결과물이 나올 가능성,

즉 목표를 달성할 가능성은 낮을 수밖에 없다.

성과목표는 기대하는 결과물의 기준이

눈에 보는 것처럼 가시적이고 구체적이어야 한다.

또 단순히 '예상 결과치'가 아니라 반드시 달성하고자 하는 '의지 달성치'다.

1. 성과목표는 과제수행의 이정표, 가늠자 역할을 한다

성과목표는 결과물의 진척도를 확인할 수 있어 얼마나 남았는지,

얼마나 완료했는지 가늠해할 수 있는 가늠자 역할을 한다.

2. 성과목표는 의사결정자 역할을 한다

성과목표는 과제수행을 통해 기대하는 결과물,
즉 목표를 달성할 때까지 무엇을 어떻게 해야 하는지
의사결정자의 역할을 한다.

3. 성과목표는 인과적인 달성전략 수립의 기준이다

성과목표는 반드시 지향적 목표가 아니라 상태적 목표로 설정해야 한다.
왜냐하면 성과목표가 인과적인 달성전략 수립의 기준이기 때문이다.

성과목표조감도란?

성과목표(상태적 목표)

원하는 목적 결과물인 성과를 객관적인 형태로 표현해놓은 상태.
미래가 궁금하다면 성과목표를 구체화하는 것이 중요한 핵심이다.

성과목표조감도란?

조감도는 건물이 완성된 모습과 상태를 시각적으로, 실감 나게 보여준다.
다 완성된 건물의 설계도면을 펼쳐놓은 것과 같다.
성과목표조감도 역시 마찬가지다.
성과목표를 구성하고 있는 세부구성요소(타깃)별로
구체적인 성과목표의 수준(금액, 수량, 인원, 개수 등)을 1장으로 보여준다.
성과목표조감도는 일하는 과정에서 전략 수립과 액션플랜의
의사결정자 역할을 한다.

성과목표조감도를 그리는 것은, 일을 진행하기 전에
목표달성 상태인 투 비 이미지(to be image)를 구체화해
그 세부구성요소, 세부목표를 구체적으로 나열하는 작업이다.

성과목표의 KPI

성과목표는 상태적 목표의 관점에서
성과목표조감도의 형태로 제시해야 한다.
건물의 조감도를 생각해보라. 외형적 모습에 관한 수치와 함께
층별 구조와 상태에 관한 기본적인 사항까지 담고 있다.

성과목표 달성 여부를 측정하거나 평가할 때
보통 KPI(Key Performance Indicator), 즉 핵심성과지표를 사용한다.
KPI와 수치목표는 성과목표조감도의 아웃라인을 잡는 데는 매우 유용하지만
성과목표조감도의 세부내역이나 목표달성 상태를 나타내는 데는 한계가 있다.
특히 기대하는 결과물을 객관적으로 기술해
나열하는 성격의 업무에는 맞지 않다.

KPI란 무엇인가?

1. 사전 과제수행 기준

KPI란 핵심과제수행을 통해
애초에 의도한 대로 이루고자 하는 목적(결과물의 모습)을 달성했는가를
가장 잘 판단할 수 있는 기준이다.
핵심과제를 수행해야 하는 이유와 달성하려는 목적이 무엇인지를
과제수행 전에 미리 알려주는 '사전과제 수행기준'의 성격을 띤다.

2. 숫자로 표현된 측정지표

KPI는 측정지표의 성격이기 때문에 금액, 횟수, 비율, %와 같이
측정단위의 형태로 표현해야 한다.

3. 수치로 결과를 표현할 수 없는 업무라면

모든 과제의 결과물을 KPI와 수치목표 형태로 표현할 수는 없다.
영업, 생산, 구매, 회계업무와 같이 365일 업무활동이 일어난다면,
KPI와 수치목표 형태로 성과목표의 기준을 설정할 수 있다.
하지만 R&D, 기획, 지원업무나 신규업무의 경우는
업무가 연속되지 않고 과제나 프로젝트에 따라 불연속적으로
진행되기 때문에 수치목표를 설정하기 어려울 수 있다.
과제 중심의 업무도 연간 단위는 KPI를 설정하는 경우도 있지만,
과제나 프로젝트가 연간 단위로 수행된다면
상태적 목표의 형태로, 즉 결과물이 객관적인 형태로 표현되어
신뢰성이 높다면 무방하다.

4. KPI의 한계

KPI는 하고자 하는 일의 목적달성 여부를 판단하기 위한 기준인데
실행지표나 일정지표는 목적달성 기준이 없고,
사후판단지표는 일이 끝나 봐야 알 수 있는 지표다.
따라서 이러한 지표는 KPI를 사용하기 어렵다.

성과목표의 수준이 적정한지를 어떻게 판단할까?

1. 성과목표의 수준은 실행자가 아니라 상위조직, 수요자가 결정한다.

2. 상태적 목표, 성과목표조감도, 인과적 달성전략은 먼저 실행자가 초안을 수립한다.

3. 실행자가 수립한 상태적 목표와 인과적 달성전략의 타당성은 상위조직의 리더, 과제를 지시한 사람이 코칭 프로세스를 통해 객관적으로 검증한다.

4. 상위조직에서 하위조직이나 담당자에게 부여한 목표가 적정한지 과도한지는, 리더가 성과목표조감도와 인과적 달성전략을 기준으로 판단한다.

5. 통상적으로 상위조직의 성과에 기여하는 정도와 해당 조직에서 투입가능한 자원의 허용범위에 있는지를 고려해 결정한다.

제대로 된 목표인지 검증하기 위한 핵심질문

1. 목표가 지향적 목표인가? 상태적 목표인가?

2. 목표가 실행목표인가? 성과목표인가?

3. 목표는 당기과제, 선행과제, 개선과제 중 어디에 해당하는가?

4. 성과목표가 상위리더가 기대하는 결과물인가? 사전에 소통했나?

5. 상위조직의 목표, 전략과 연계되어 있나?

6. 목표의 현재 상태에 대한 데이터가 있는가?

7. 목표달성기한이 명확하게 정해져 있는가?

8. 목표가 달성된 상태가 세부내역 형태로 구체적으로 기술되었나?

9. 목표가 과정결과물인가? 최종결과물인가?

10. 목표달성에 필요한 품질기준과 투입원가가 전제되어 있는가?

성과목표를 설정할 때 리더와 코칭 대상자가 해야 할 일

프로세스	핵심과제 확인	핵심과제 현황파악	원하는 결과물	상태적 목표 (성과목표조감도) 설정
리더의 역할	• 리더는 성과목표 설정 프로세스와 프로세스 단계별 기준에 대해서는 대상자에게 설명해주되 내용에 대해서 구체적으로 제시하는 것은 금물이다. • 리더는 단계별 기준에 대한 대상자의 생각에 대해 기준의 세부조건별로 질문을 하고 코칭 대상자가 스스로 성과목표를 제대로 설정할 수 있도록 유도해야 한다.			
코칭 대상자의 역할	• 리더가 설명해주는 성과목표의 개념과 설정 프로세스와 단계별 기준과 방법을 듣고 스스로 기준에 부합하도록 현장의 데이터를 바탕으로 구체화해야 한다. • 리더의 경험사례나 타사사례, 방침제시를 요청하는 것은 금물이다. • 스스로 기준에 부합하는 성과목표 초안을 설정하고 리더로부터 코칭 프로세스를 통해 검증을 받으면서 객관적 사실에 근거한 의견개진이 중요하다.			

성과목표 설정을 위한 템플릿

핵심과제 확인	핵심과제 현황파악 (as-is)	기대하는 결과물 (성과목표, 기대상태, to-be)	상태적 목표 (성과목표조감도)
• 코칭 대상자가 사전에 리더로부터 부여받은 과제를 포함해 가장 우선적으로 수행해야 할 핵심과제를 적어보고 선행과제, 당기과제, 개선과제를 구분해 보도록 한다.	• 과제의 개요를 적는다. • 과제와 관련된 이해관계자의 요구사항을 적는다. 주로 상위리더의 요구사항이 대부분이다. • 과제의 현재 상태나 데이터, 수준 등을 적는다.	• 핵심과제 현황파악을 통해 올해, 정해진 기간 내에 달성하고자 하는 목표수준을 적는다.	• 성과목표의 달성수준에 해당하는 목표가 달성된 상태를 세부내역의 형태로 적도록 한다. • 마치 집을 완성했을 때의 설계도면의 상태를 나열해 놓은 형태다.

핵심과제의 현재 상황을 파악하는 방법

1. 과제개요(profile) : 과제의 구체적인 내용과 수행범위를 구체화한다.

2. 과제에 대한 이해관계자의 요구사항(needs) : 주로 상위조직 리더나 과제 관련 부서의 요구사항을 파악한다.

3. 과제의 현재 상태나 수준(as is) : 구체적으로 과제와 관련되어 현재 갖추어져 있는 것과 부족한 것을 파악한다.

4. 과제수행에 투입할 수 있는 자원 : 과제를 수행하는 데 투입 가능한 자원(인력, 예산, 시간)을 확인한다.

[Q&A] 성과목표 설정에 관해 궁금한 것

Q1 성과목표는 모두 수치화해야 하는가? 영업이나 생산업무는 모르겠지만 R&D, 경영지원, 기획 성격의 업무는 수치화하기 어려운데, 굳이 정량화·수치화를 해야 하는가?

A1 성과목표의 대상은 업무나 과제가 아니라 과제수행의 결과물이다. 업무나 과제 자체를 수치화하기는 어렵더라도 과제수행의 결과물은 어떤 성격의 업무라도 객관화하는 것이 가능하다. 다만 KPI와 수치목표 형태의 상태적 목표인가 정성적인 형태의 상태적 목표인가의 차이가 있을 뿐이다.

$Q2$ 너무 높은 목표가 부여되면 달성하기 어려운데 목표설정의 적절성을 판단하는 기준은 무엇인가?

$A2$ 성과목표는 상위조직에서 하위조직으로 톱다운(top down)으로 부여되는 것이 원칙이다. 상태적 목표나 성과목표 달성전략은 목표를 부여받은 조직이나 담당자가 수립해 상위조직의 리더로부터 코칭받으며 적정성을 합의한다.

성과목표는 무조건 높이 설정해야 하는 것이 아니다. 상위조직 성과에 기여하는 정도와 자원의 허용범위 내에서 설정하는 것이 바람직하다. 성과목표를 설정하는 가장 큰 이유는 인과적인 달성전략을 수립하기 위한 것이기 때문이다. 너무 높은 목표인지 아닌지는 상태적 목표와 달성전략을 수립해보면 판단할 수 있다. 성과목표는 대개 주어진 목표의 120% 수준에서 설정하고 그에 맞는 달성전략과 예상리스크 대응방안을 수립하는 것이 좋다.

Q3 성과목표를 굳이 설정해야 하는가? 성과목표가 없더라도 열심히 일해서 좋은 결과를 내면 되지 않는가?

A3 성과목표는 자율적·자기주도적으로 일하기 위한 가장 중요한 실행도구다. 성과목표만 구체화되어 있으면 과제를 수행하면서 일일이 리더에게 물어보지 않아도 무엇을 어떻게 해야 할지, 어떤 결과물을 내야 하는지 알 수 있다. 성과목표가 알려주기 때문이다.

성과목표가 상태적으로 설정되어야 선택하고 집중할 목표의 우선순위를 설정할 수 있다. 그리고 성과목표가 상태적으로 설정되면, 자신이 해야 할 일과 다른 사람에게 협업을 요청해야 할 일이 구분된다. 그렇게 되면 정해진 기간 내에 가장 효율적으로 성과를 창출할 수 있다.

3단계 : 성과목표 달성방안 수립

성과목표 달성방안은 성과목표 달성전략, 예상리스크 대응방안,
액션플랜으로 구성된다.

1. 성과목표 달성전략이란?

정해진 기간 내에 달성하고자 하는 성과목표(to-be image)와
현재 수준(as-is)의 갭을 메워나가기 위해
고정변수와 변동변수를 구분해 변수별 공략방법을 결정하는 것이다.
고정변수와 변동변수는 성과목표조감도의 세부구성요소를 분류해 도출한다.
원하는 결과물의 수준과 현재 수준과의 차이를
파악하거나 분석할 구체적인 대상을 결정하고,
차이가 예상되는 대상(타깃)을 정해진 기간 내에 한정된 자원으로
어떻게 공략할 것인지 방법을 결정하는 것이다.
전략의 대상은 일하는 절차나 방침, 방향이 아닌
기대하는 결과물(즉 목표가 원하는 수준까지 달성된 상태)의
세부구성요소, 세부목표 중에 선정한다.

2. 예상리스크 대응방안이란?

수립한 성과목표 달성전략이 통제 불가능한 외부환경 리스크요인이나
내부역량 리스크요인 때문에 실행 자체가 어렵다고 판단될 때
어떻게 대응할 것인지 그 대응방안을 수립하거나 플랜B를 수립하는 것이다.

3. 액션플랜이란?

성과목표 달성전략과 예상리스크 대응방안, 과제수행 절차에 따라
기간별로 해야 할 일의 순서와 일정을 수립하는 것이다.
일반적으로 월간, 주간 단위로 실행해야 할 핵심 실행과제를 도출한다.

성과목표 달성전략의 고정변수와 변동변수

1. 고정변수

성과목표의 세부목표 중에서 과거의 경험이나 지식, 매뉴얼대로 하면
달성 가능한 타깃목표를 말한다. 고정변수를 공략하기 위해서는
매뉴얼화, 시스템화, 체크리스트화 등이 일반적이다.
고정변수는 주로 역량이 낮은 직원, 주니어 사원에게 실행과 책임을 맡긴다.

2. 변동변수

성과목표의 세부목표 중에서 과거의 경험이나 지식, 매뉴얼이나
지침서대로 실행해도 달성하기 어려운 타깃목표를 말한다.
이런 경우 현장의 데이터를 분석하고 이해관계자의 요구사항을 파악해
창의적이고 혁신적인 방법으로 공략해야 원하는 성과를 창출할 수 있다.
변동변수는 상대적으로 역량이 높은 시니어 직원이나
리더가 직접 실행해야 한다.

성과목표 달성전략 수립을 위한 기준검증 질문

1. 성과목표조감도의 세부구성 요소 중 고정변수와 변동변수가 도출되었는가?

2. 고정변수와 변동변수를 분류한 기준과 근거는 무엇인가?

3. 과제수행 기간 중 고정변수가 변동변수로, 변동변수가 고정변수로 변화할 여지는 없는가?

4. 고정변수와 변동변수 달성전략을 실행하기 위한 역할과 책임은 적절히 설정되었는가?

5. 전략의 타깃(변수)별로 성과목표와 현재 수준의 갭이 데이터와 사실에 근거해 도출되었나?

6. 전략의 핵심타깃은 무엇이며, 왜 그것에 높은 우선순위를 부여했는가?

7. 전략의 변수에 대한 공략방법은 무엇이며, 실행 및 성공 가능성은 얼마나 되는가?

8. 생산이나 영업업무와 같이 지속적으로 반복되는 업무의 성과목표 중에서 고정변수와 변동변수의 기준을 수립할 때, 고정변수의 기준을 예상달성수준으로 설정했는가?

예상리스크 대응방안 수립방법

1. 외부환경 리스크요인 대응방안

고정변수, 변동변수를 공략할 때, 외부적으로 고객과 거래하거나

이해관계자와 일하는 데 영향을 미치는 통제 불가능한 리스크를 도출한다.

예를 들어 고객 요인, 경쟁자 요인, 시장정책 요인,

거래국가의 정치·사회적 요인 등이 '외부환경 리스크요인'이다.

각 리스크를 예방하기 위한 대비책을 수립한다.

일상적인 업무활동을 할 때, 외부환경 리스크요인을

보통 일반적인 정치·사회·경제적 거시환경 요소를 많이 언급하는데

사실상 큰 연관성이 없다. 외부환경 리스크요인의 핵심은 주로 고객이다.

2. 내부역량 리스크요인 대응방안

성과부진의 원인을 분석해보면 대부분 외부환경 때문이라고 이야기한다.

하지만 실상은 그렇지 않다.

성과부진의 원인을 근본적으로 추적해보면,

외부환경이 아니라 내부역량 때문인 것으로 보통은 귀결된다.

특히 업무프로세스 중 협업과정에서 문제가 생기는 경우가 많다.

그 외에는 상위리더의 코칭 부재, 실행 담당자의 능력과 역량 부족 등이

성과부진의 결정적인 원인이다.

내부적으로 성과목표의 품질, 원가, 납기에 영향을 미칠 수 있는

조직, 인력, 자금, 근무환경, 현장작업자 등 '내부역량 요소'를 도출하고

각 내부역량요소를 예방하기 위한 대비책을 수립한다.

개인의 경우, 자신의 능력과 역량수준에 대해 항목별로

현재 수준을 객관화하고, 개발목표를 세워 향상시켜 나가는 것이

목표달성에 결정적인 역할을 한다.

3. 플랜B 수립

예상리스크 대응방안은 담당 조직이나 실행자의 역량을
넘어선 부분이기 때문에 상위조직이나 유관부서, 외부전문가에게
협업을 요청해야 실행 가능할 수 있다.
수립한 예상리스크 대응방안으로 힘들겠다는 판단이 서면
타깃을 교체해 플랜B를 수립해야 한다.
예상리스크 대응방안이나 플랜B는
(산업별, 직무별 특성에 따라 다르겠지만) 최소 3~6개월 이전에
대비책을 세우고 지속적으로 리스크헷징을 해야 한다.
월간 이하 단위로는 예상리스크 대응방안을 수립해봐야
별 의미가 없는 경우가 대부분이다.
그래서 월간 이하 단위로는 기대하는 과정결과물이나
최종결과물을 달성하기 위한 실행계획을 실행하는 데
부정적인 영향을 미칠 수 있는 내·외부 이슈사항을 도출하고,
대응방안을 수립해 관리해야 한다.

예상리스크 대응방안을 수립할 때 기준을 검증하는 질문

1. 내·외부 리스크요인들은 성과목표 달성전략과 중복되지는 않는가?

2. 예상리스크 항목들을 전략실행 과정에서 통제할 수 없는 요소로 도출한 근거는 무엇인가?

3. 예상리스크 항목들을 외부환경 요인과 내부역량 요인으로 분류한 기준은 무엇인가?

4. 외부환경 리스크요인들을 발생 가능성이 높은 순서로 정렬해보았는가? 그중 발생 가능성이 가장 높은 것은 무엇인가?

5. 내부역량 리스크요인의 대응 우선순위는 어떻게 되는가?

6. 리스크요인을 예상할 때 해당 요인에 관련된 내·외부 이해관계자들에 대해 파악해보았는가?

7. 내부역량 리스크요인 중 본인의 능력이나 역량과 관련된 사항은 무엇인가?

8. 내부역량 리스크요인의 근본적 해결을 위한 능력과 역량 개발 계획은 구체적으로 수립했는가?

9. 플랜B를 실행해야 할 상황이 발생한다면 언제가 적절하다고 보는가?

10. 과거에 경험한 비슷한 과제 중 벤치마킹할 만한 리스크 대응방안은 없는가?

액션플랜을 수립할 때 기준을 검증하는 질문

1. 일정별로 실행해야 할 과제의 우선순위(중요도에 따른 순서와 단계)는 무엇인가?

2. 액션플랜의 세부일정과 내용을 수립하기 전에, 함께 일하는 동료들이나 유관부서 사람들의 의견을 듣거나 업무상황을 파악했는가?

3. 과제의 수요자(고객 또는 상위리더)가 요청하는 납기나 마감기한을 고려해 일정계획을 수립했는가?

4. 실행기간별 핵심 실행과제의 기대하는 과정결과물과 실행방법은 구상해보았는가?

5. 액션플랜의 책임수행을 위해 권한위임이 충분히 이루어지고 있는가? 추가로 필요한 사항은 없는가?

6. 액션플랜을 수립하면서 기간별 중간성과 리뷰에 대한 기준과 템플릿을 준비했는가?

7. 액션플랜 실행과정에서 상위조직이나 상위리더가 지원할 사항은 무엇인가?

성과목표 달성방안 수립 프로세스와 리더, 코칭 대상자 역할

프로세스	성과목표 달성전략 수립	고정변수와 변동변수 타깃별 공략방법 수립	예상리스크 대응방안 수립	액션플랜 수립 (기간별 핵심 실행과제 도출)
리더의 역할	• 성과목표 달성방안의 개념과 세부개념, 실행방법을 코칭 대상자에게 설명해준다. • 말로만 설명해주지 말고 양식을 활용해 실제 사례를 질문해가며 설명한다. • 이때 '해답' 같은 뉘앙스를 주며 내용에 대해 자세히 설명하는 것은 금물이다. • 개념과 프로세스를 설명해주고 코칭 대상자가 양식을 작성해오면 기준과 비교해 내용이 제대로 작성되었는지 피드백해준다.			
코칭 대상자의 역할	• 개념에 해당하는 실제 업무내용을 대입해보고 코치가 제시해주는 양식을 활용해 데이터 분석을 통해 프로세스대로 작성해 나간다. • 가장 중요한 것은 개념을 구체적으로 익히고, 프로세스별 기준에 대한 내용을 작성해 보는 것이다. • 타사 사례나 리더의 경험적 사례에 의존할 생각을 버리고, 대상자 자신의 업무현장 데이터를 근거로 작성하는 것이 중요하다.			

성과목표 달성방안 수립을 위한 템플릿

핵심과제	성과목표 (KPI + 수치목표)	성과목표 조감도 (상태적 목표)	성과목표 달성전략	예상리스크 대응방안	기간별 액션플랜			
					1Q	2Q	3Q	4Q
해당 기간에 가장 우선적으로 실행해야 할 핵심과제를 선정한다. 단, 자원을 고려해야 한다. 내년 혹은 중기성과를 달성하기 위한 선행과제, 올해 가장 우선적으로 실행해야 할 당기과제, 작년 성과를 분석해 개선해야 할 개선과제	과제의 현황을 파악해보고, 과제수행을 통해 기대하는 성과목표를 가급적 KPI와 수치목표의 형태로 표현해본다. 수치목표를 잡기 어려운 경우 성과목표조감도를 이용해 기대하는 결과물을 최대한 구체적으로, 세부내역 중심으로 묘사한다. 결과물에 대한 품질기준, 소요예산을 기재한다.	성과목표조감도란, 성과목표가 달성된 상태를 마치 이루어진 듯이 세부내용, 세부구성 요소 형태로 표현한 것이다. 대명사가 아닌 명사로 표현해야 한다. 예를 들어, '매출액 50억'이 목표라면 거래처별, 아이템별, 계절별 세부내역과 금액까지 표현하는 것이다.	성과목표와 예상 달성수준을 구체화하고 갭을 도출한다. 그다음 예상 수준까지 목표를 달성하기 위한 고정변수 공략 전략을 수립하고, 갭을 공략하기 위한 변동변수 공략전략도 수립한다. 각각의 공략 대상과 공략할 방법을 적는다.	전략을 실행하는 데 영향을 주는 통제 불가능한 예상리스크 요인을 적는다. 외부환경요소와 내부역량요소로 나눠 도출하고 각각에 대한 대응방안을 적는다.	성과목표를 달성하기 위해서 분기별 (혹은 월간, 주간 단위)로 해야 할 실행과제를 적는다			

[Q&A] 성과목표 달성방안 수립에 관해 궁금한 것

Q1 전략과 실행계획, 액션플랜은 같은 의미가 아닌가?

A1 전략은 기대하는 목표와 현재 수준의 갭을 찾아내서, 그 격차를 해결하기 위한 방법을 말한다. 전략의 핵심은 갭을 야기시키는 타깃(대상)을 찾아내는 것이다. 그 타깃을 고정변수와 변동변수로 구분하고, 변동변수를 고정변수로 전환시키는 데 한정된 자원과 역량을 집중해야 한다.

전략은 공략할 대상을 정하는 것이고. 액션플랜은 행동계획을 정하는 것이다. 그러므로 타깃이 먼저 정해져야 행동계획이 뒤따를 수 있다. 액션플랜이나 실행계획은 같은 의미로 사용되는데, 수립한 전략의 실행순서를 일정에 맞게 정하는 것을 말한다.

Q2 굳이 전략과 실행계획을 나눠야 하는 이유는 무엇인가?

A2 일을 하다 보면 가장 근본적으로 부딪히는 문제는 성과목표와 한정된 자원이다. 일을 완료해서 성과를 창출해야 할 마감일정은 정해져 있고 자원은 한정적이다. 또 실행 담당자와 상위리더의 능력과 역량 역시 한순간에 향상되지 않는다. 하지만 창출해야 할 성과기준은 언제나 미래의 모습이기 때문에 도전적일 수밖에 없다.

일을 시작하기 전에 성과창출에 결정적인 영향을 미칠 수 있는 변동변수와 예상리스크 요인을 찾아내서 역할과 책임을 배분하고 미리 공략할 방법을 결정하는 것이 성과창출의 지름길이다.

고정변수와 변동변수를 구분해 공략할 대상을 타깃팅하지 않은 상태에서 그저 지금까지 해 오던 대로 막연하게 열심히 일하면 목적 없는 행위가 반복될 뿐이다.

타깃에 선택과 집중을 해야 한정된 자원을 효과적으로 배분할 수 있기 때문에 전략을 먼저 수립해야 한다.

Q3 예상리스크는 통제가 불가능한 변수라고 했는데 그렇다면 그것을 어떻게 대비해야 하는가?

A3 실행자 입장에서는 예상리스크 요인이 통제 불가능하지만 상위리더나 관련된 이해관계자가 협업을 해주면 통제가 가능할 수도 있다. 당사자 입장에서는 리스크 요인이지만, 조직 관점에서는 아닐 수도 있다. 또 내부역량요소에 대해서는 동료나 유관부서와의 협업을 통해 충분히 통제할 수 있다. 자신의 관점으로만 생각하지 말고 항상 조직 전체적인 관점에서 보유하고 있는 역량을 최대한 활용할 수 있도록 해야 한다. 예상리스크 대응방안은 항상 사전에 미리 준비하는 것이 핵심이다.

2. 인과적 실행(두)
_수직적 협업이 중요한 인과적 실행 단계

두(do) 단계는 인과적 실행 단계라고도 한다.

기획하고 계획한 것을 기간별로 실행으로 옮기는 단계이다.

이 단계에서는 캐스케이딩(cascading)과 협업이 가장 중요하다.

캐스케이딩이란 전체 성과목표를 기간별로 과정목표와

과정결과물로 잘게 나누어 세분화하는 것을 말한다.

또한 실행 단계에서는

상하 간 코칭이 핵심인 수직적 협업과

동료나 타부서와의 수평적 협업이 있는데

수직적 협업이 70%, 수평적 협업이 30%를 차지할 만큼

상하 간의 수직적 협업, 즉 성과코칭이 매우 중요하다.

4단계 : 케스케이딩과 협업1

기간별 아웃풋이란, 과정목표, 과정결과물이다.
연간 성과목표나 전체 성과목표를 분기나 월간, 주간 단위로 나누어
과정결과물의 형태로 목표화한 것을 말한다.

기간별 아웃풋 관리를 위해서는
캐스케이딩(cascading) 개념이 중요하다.
캐스케이딩은 사전적 의미로,
'폭포가 위에서 아래로 떨어지는 것 같은', '연속적인'이다.
조직에서는 일반적으로 목표배분이라는 뜻으로 사용된다.
얼라인먼트(alignment), 인수분해와 같은 의미다.

캐스케이딩은 공간적 관점과 시간적 관점으로 나눌 수 있다.
상하위 조직 간의 역할과 책임을 배분하는 것은 공간적 캐스케이딩이고
미래와 현재의 기간별로 역할과 책임을 배분하는 것은 시간적 캐스케이딩이다.

캐스케이딩과 기간별 아웃풋 관리는 왜 해야 하나?

대부분의 코칭 대상자들은

연간 목표나 반기 목표 혹은 프로젝트 목표 같은

기간별 목표는 구체적으로 수립해야 한다고 생각한다.

하지만 월간, 주간 단위의 목표나 과제 단위

혹은 일상적으로 반복수행하는 업무는

일정 정도만 체크하면 된다고 생각해 목표를 설정할 필요가 없다고 여긴다.

그 이유는 기간도 짧고 늘 해왔던 업무라서

'눈 감고도 할 수 있는 일'이라고 쉽게 생각하기 때문이다.

그래서 그동안 과정관리는 일정별 과제수행 체크리스트나

전체 목표 대비 진척율, 진도율의 형태로 관리해왔다.

최종결과물, 최종성과가 중요했지

과정결과물은 그다지 중요하게 여기지 않았다.

그런데 코칭 대상자들이 일을 끝내고 나서 성과를 리뷰해보면
이미 익숙하게 알고 있는 일에서 실수해서
목표가 제대로 달성되지 않은 경우가 많다.
실수는 익숙한 일에서 일어나고
실패는 익숙하지 않은 일에서 일어난다.
실수든 실패든, 문제의 공통적인 원인은
큰 목표를 작은 목표로 세분화·구체화하지 않았다는 것이다.

월간이나 주간 단위 아웃풋, 과정결과물을 객관화해놓지 않으면
해당 기간에 결과물을 위한 실행계획보다
과제수행 자체에만 의미를 두는 실행계획을 세우고 실행하기 쉽다.

아무리 목표를 설정하고 일한다고 하더라도
실행과정이 목표와 인과적으로 전개되지 않으면
최종적으로 원하는 목표를 달성하기 어렵다.

목표를 성공적으로 달성해 성과를 창출하려면
전략과 실행계획이 제대로 수립되고 실행되어야 하는데
그렇게 되도록 하려면 목표를 세분화시키고 구체화해
작은 목표로 잘게 나누어야 전략적으로 실행하기가 좋다.

일을 시작하려면 목표의 단위가 체감할 수 있는 범위,
통제할 수 있는 영역 안으로 들어오는 것이 중요하다.
성과목표의 달성가능성과 실현가능성은
성과목표의 구체성과 가시성이 결정한다.

캐스케이딩 기준을 검증하는 질문

1. 핵심과제와 성과목표의 내용과 특성을 고려할 때 어떤 실행 기간 단위(사이클)이 적절한가?(예를 들어, 분기·월간·주간·일일)

2. 월간, 주간, 일일 단위로 과정목표를 수립했는가?

3. 상위기간 단위의 성과목표에 근거해 하위기간 단위의 성과목표를 설정했는가?(예를 들어, 연간목표·분기목표·월간목표·주간목표)

4. 전체(연간) 성과목표와 기간별 성과목표는 구체적으로 인과관계를 설명할 수 있는가?

5. 기간별 과정목표를 수립할 때, 최종 성과목표의 달성전략과 예상리스크 대응방안은 어떻게 반영되었는가?

6. 연간목표를 일상적인 역할과 책임을 고려해 월간, 주간, 일일 단위로 세분화했는가?

7. 기간별 목표를 세부내역 중심으로 구체화시켜 구분했는가?

캐스케이딩 프로세스별 리더와 코칭 대상자 역할

프로세스	연간 성과목표, 과제별·프로젝트별 성과목표	분기 성과목표 캐스케이딩	월간 성과목표 캐스케이딩	주간 성과목표 캐스케이딩
리더의 역할	• 리더, 팀장은 팀이나 대상자의 연간 성과목표나 과제 성과목표를 가급적 팀 워크숍을 통해 제시하는 것이 좋다. 코칭 대상자가 성과목표를 분기나 월간, 주간 단위로 캐스케이딩해 우선적으로 수행할 핵심과제를 도출하도록 코칭한다. • 팀의 연간 성과목표와 연계된 팀원의 핵심과제와 목표가 중요하다. 때문에 최소한 월간 단위로 팀 워크숍을 진행해 코칭 대상자, 즉 팀원들에게 팀의 성과창출을 위해 기여할 핵심과제를 부여해야 한다. • 과제를 부여하고 나서 과제수행을 통해 기간별로 실행자가 기대하는 아웃풋의 초안을 작성해 오게 한다. 초안을 가지고 코칭하면서 기간별 아웃풋이 제대로 설정되었는지를 검증해주어야 한다. • 코칭 대상자는 리더나 팀장이 부여하는 핵심과제뿐만 아니라 본인에게 이미 부여된 연간 성과목표도 달성해야 한다. 따라서 해당 기간에 반드시 실행할 과제와 아웃풋을 추가로 작성하게 해서 코칭하며 검증해주어야 한다.			
코칭 대상자의 역할	• 리더나 팀장이 기간별 핵심과제를 부여해주면 코칭 대상자가 생각하는 아웃풋의 객관적·상태적 모습을 구체적으로 작성한다. 자신이 작성한 아웃풋 초안을 가지고 리더로부터 코칭받고 실행하도록 한다. • 자신이 책임져야 할 연간 성과목표 달성을 위해 월간, 주간 핵심과제와 아웃풋에 대해서도 (상위리더가 따로 지시하지 않더라도) 선제적으로 작성해 코칭받도록 한다. 무슨 일이든 과제를 부여받으면 아웃풋 초안부터 작성하는 습관을 들인다. • 기간별 아웃풋을 작성할 때는 기대하는 결과물의 기준을 명사의 형태로 마치 이루어진 듯이 구체적으로 기술하는 것이 좋다.			

공간적 캐스케이딩을 위한 템플릿

상위조직 핵심과제	상위조직 주요 성과목표	해당 조직 핵심과제	기대하는 결과물 (성과목표)	해당 성과목표 역할분담 내역
• 해당 조직의 상위조직이 수립한 핵심과제 리스트와 개요를 적는다. • 올해 핵심과제가 동시에 수립되고 있는 경우라면 상위조직이 총괄하고 있는 중장기 핵심과제를 위주로 적는다.	• 상위조직의 핵심과제별 성과목표에 대해 적는다. • 성과목표 수립이 동시에 진행되고 있는 경우라면 중장기 성과목표나 올해 연간 성과목표를 적는다.	• 해당 조직(우리 부서)에서 검토하고 있거나 수립된 전체 핵심과제를 구체적으로 적는다.	• 해당 조직(우리 부서)의 핵심과제별 성과목표의 구체적인 세부내역에 대해 적는다.	• 성과목표 달성과 관련된 역할 수행자들의 역할 내용에 대해 적는다(역할수행자를 예로 들면, 수행책임자, 과제승인자(상위리더), 부서내 협업자, 사내 타부서 협업자, 사외 협업자, 보고대상자, 회의나 협의 대상자, 정보공유 대상자 등).

시간적 캐스케이딩:
기간별 아웃풋 관리 템플릿 1 (성과기획서)

핵심과제	기대하는 결과물 (기간별 아웃풋)	완료일정	예상소요시간	성과목표 달성방안	기간별 핵심과제
• 이번 달, 이번 주에 가장 우선적으로 해야 할 과제를 주 52시간 근무제를 고려해 선정한다. • 선행과제, 당기과제, 개선과제, 협업과제를 염두에 두고 작성한다.	• 과제를 완료했을 때 기대하는 아웃풋, 즉 결과물을 최대한 구체적으로, 세부 내역 중심으로 묘사한다. • 이때 결과물에 대한 품질 기준, 소요시간을 기재할 수 있으면 기재한다. • 예를 들어, '보고서 작성'이 핵심과제라면 보고서가 완료되었을 때 포함되어야 할 항목과 들어가야 할 내용의 형태로 묘사한다(대명사가 아니라 명사로 표현).	• 기대하는 아웃풋을 언제까지 완료해야 하는지 마감일을 구체적으로 기입한다.	• 기대하는 아웃풋을 완료하는 데 필요한 전체 예상소요시간과 항목별 예상소요시간을 적는다.	• 완료일정 안에, 즉 예상 소요시간을 지키면서 기대하는 아웃풋을 달성하는 데 있어 문제가 되거나 방해요인이 될 만한 것을 미리 예상해 도출하고 대응방안을 수립한다.	• 기간별 아웃풋을 달성하기 위해 주간이나 요일별로 실행해야 할 핵심과제를 선정한다.

시간적 캐스캐이딩: 기간별 아웃풋 관리 템플릿 2 (성과평가서)

과정성과평가			자기평가 (실행자 기재)			피드백 (리더, 팀장 기재)	
기대하는 결과물 기준	달성한 결과물	갭	원인	개선 과제	만회 대책	개선 과제	만회 대책
• 월초, 주초에 합의한 기대하는 결과물의 기준을 적는다. • 중간에 변경했다면 변경된 목표를 적는다.	• 객관적인 달성 결과물을 적는다.	• 기대하는 결과물과 달성한 결과물 간의 차이를 적는다. • 초과했으면 초과한 대로, 미달했으면 미달한 대로 적는다.	• 초과나 미달성의 원인을 분석해서 찾아낸다. • 문제 자체만을 적지 않도록 주의한다.	• 원인을 해결하기 위한 개선과제를 적고 개선과제의 목표와 실행완료 일정을 적는다.	• 미달성 부분에 대해 언제까지 만회할 것인지 적는다.	• 코치와 실행자가 공감한 개선과제와 실행완료 일정, 목표를 적는다.	• 코치는 실행자가 작성한 결과물의 미달성 부분에 대한 만회대책이 실현 가능한 것인지를 근거와 데이터를 활용해 검증한다.

피드백 작성 시 코치는 실행자가 작성한 과정성과평가 내용과 결과물 미달성 원인, 개선과제의 근거와 기준에 대해 코칭기법을 활용해 검증한다.

[Q&A] 캐스케이딩과 기간별 아웃풋 관리에 관해 궁금한 것

Q1 전체 목표나 연간목표가 이미 있는데 월간이나 주간 단위로 굳이 기간별 아웃풋을 관리할 필요가 있나?

A1 연간목표가 있더라도, 월간이나 주간 단위로 과정별 아웃풋이 축적되어야 전체 목표가 달성될 수 있다. 연간목표나 전체 목표만 두고 월간이나 주간 단위로 할 일만 관리하다 보면 막판에 성과목표 미달사태가 생겨 일정관리나 자원관리가 제대로 되지 않는다.

월간이나 주간 단위로 무엇을 어떻게 해야 하는지의 기준은 기간별 아웃풋이 제시해준다. 월간, 주간 업무계획보다 월간, 주간 아웃풋 관리가 훨씬 성과지향적으로 일하는 방법이다.

예전에는 팀장이나 리더가 월간, 주간 단위로 할 일과 일정을 계획했다. 그리고 일을 어떻게 해야 하는지 주간업무회의에서 일일이 확인하고 챙겼다. 하지만 이제는 그럴 수가 없다. 주 52시간 근무제가 시행되었고, 구성원들 역시 일일이 지적받고 지시받기보다 자율적으로 일하길 원하기 때문이다. 또 월간, 주간 단위로 역할(과제)과 책임(목표)의 기준을 사전에 합의하고 실행하는 방식으로 바꾸어야만 실무자에게 권한위임도 할 수 있다.

Q2 일상적인 업무활동에 대해서도 기간별 아웃풋을 굳이 관리해야 할 필요가 있는가?

A2 과제수행을 통해 아웃풋을 산출하는 데 3~4시간, 2일 정도의 시간이 소요되는 일이라면 그리고 그것이 주기적·반복적으로 실행해야 하는 일이라며 단순 일정관리나 시간관리를 해도 무방하다. 하지만 그렇다고 하더라도 가급적이면 일을 시작하기 전에 기대하는 결과물을 구체적으로 작성해보는 것이 좋다. 하는 일은 어제와 같겠지만 기대하는 결과물은 계속 달라지기 때문이다.

한편 3~4일 또는 1~2주 이상 소요될 것으로 예상하는 과제나 업무수행에 대해서는 반드시 기대하는 아웃풋을 구체화하고 일을 시작해야 한다. 일을 위한 일을 하라는 뜻이 아니다. 기대하는 아웃풋을 산출하기 위한 일을 하려면 반드시 아웃풋 중심으로 일해야 하기 때문이다.

Q3 기간별 아웃풋 계획을 월초나 주초에 수립해 놓았지만 상위조직에서 수명(受命)과제가 수시로 떨어져서 애초에 설정한 아웃풋 관리가 어렵다면 어떻게 해야 하나?

A3 월초나 주초에 기대하는 아웃풋이 설정되었다면 반드시 상위리더에게 계획을 공유해야 한다. 사전에 충분히 공감대를 형성했음에도 불구하고 수명과제가 주어진다면 팀장이나 상위리더와 의논해 기간별 아웃풋 완료일정을 조정하는 것이 필요하다.

상위리더가 팀원이나 하위조직의 리더가 하고 있는 일까지 알기는 어렵다. 그래서 월초나 주초에(가능하면 일일 단위로도) 어떤 과제와 목표가 기간별로 실행되고 있는지 주기적으로 그리고 선제적으로 정보를 공유해야 한다. 그래야 리더가 수명과제를 부여할 때도 일정을 고려해 조정하거나 협의한다.

4단계 : 캐스케이딩과 협업2

협업이란 무엇인가?

협업이란, 자신이 부여받은 역할과 책임을 수행하는 데 있어
코칭 대상자의 능력과 역량이 부족해
정해진 기간 내에 성과를 창출하기 어려울 때,
상위리더나 같은 팀의 동료, 유관부서, 외부 협력업체에
역할과 책임을 도움받는 행위를 말한다.

협업에는 수직적 협업과 수평적 협업이 있는데
보통 '협업'이라고 하면 수평적 협업을 생각한다.
그러나 현업에서는 수직적 협업이 70~80%, 수평적 협업이 20~30% 정도다.

수직적 협업이란

리더나 실무자가 상위조직의 리더에게
자신의 역할과 책임을 다하기 위해 부족한 능력과 역량 부분에 대해

지원을 요청하는 행동을 말한다.

수직적 협업의 대표적인 형태가 성과코칭이다.

변동변수 공략에 대한 협업, 예상리스크 대응방안에 대한 협업,

능력개발과 역량훈련에 대한 티칭과 코칭이 수직적 협업의 주요 내용이다.

수평적 협업이란

우리가 알고 있는 업무협조를 말한다.

협업을 요청할 때도 팀원의 경우 당사자가 요청하기보다는 팀장이,

코칭 대상자가 팀장이라면 상위리더인 그룹장이나 본부장이

나서서 요청하는 것이 필요하다.

수평적 협업은 팀내 실무자 간의 협업도 있고, 타부서와의 협업도 있다.

두 경우 모두 리더가 추진하고 연결해주어야만

더욱 실질적이고 원활한 협업이 이루어진다.

그런 의미에서 협업은 항상 당사자 간의 문제가 아니라

상위리더의 문제라고 봐야 한다.

왜 협업을 해야 할까?

1. 업무의 전문화·세분화가 심화되고 있다

예전에는 부서별(팀별)로 업무분장을 하고,

부서장(팀장)이 팀원들의 업무를 대략적으로 나눴다.

매년 과제와 목표가 부여되었고, 일상적인 업무활동에 대해서는

월간, 주간 업무회의를 통해 실행지침을 주었다.

업무수행의 과정과 결과에 대해 중간중간 리더가 관여하고 결정했다.

하지만 시대가 변하고 내·외부 경영환경이 변화됨에 따라

팀장이나 리더 중심의 업무지시가 줄어들고

팀원들에게 좀 더 세분화된 역할과 책임을 부여하게 되었다.

자율성을 기반으로 일하는 방식이 달라진 것이다.

특히 주 52시간 시대가 시작되면서 이런 방식이 일상이 되었다.

역할과 책임을 다해 성과를 창출하기 위해서는 어떻게 해야 할까?

혼자 알아서 할 수 있을까? 대부분은 그럴 수가 없다.

팀 내 동료들과 협업하거나, 유관부서 동료들과 함께 일할 때도 있다.

경우에 따라 상위조직 리더들과의 수직적 협업도 필수다.

이처럼 업무 프로세스는 상하 선후행의 관계로 연계되어 있다.

이때 R&R 기준이 사전에 명확하게 구분되어 있지 않으면 협업이 불가능하다.

여전히 R&R 구분이 불명확한 채 업무분장 중심으로 일하는 조직이 많은데,

그런 경우 상호 연관된 업무영역에 대한 R&R을 협업과정에서 결정해야 한다.

2. 사전에 역할과 책임, 능력과 역량을 검증할 수 없다

조직의 구성원들에게 역할과 책임을 부여할 때,

혹은 기간별 성과목표를 부여할 때, 업무경력이나 직위 정도를 고려하지

역할과 책임을 수행하기 위한 능력과 역량의 정도를 정확하게 측정해

부여하는 경우는 매우 드물다.

그래서 일하다 보면 처음에는 충분히 할 수 있을 것 같았는데,

막상 하다 보니 능력과 역량의 부족 부분이 나타나는 경우가 있다.

그럴 때는 당연히 능력과 역량을 갖춘 동료들에게 협업을 요청할 수밖에 없다.

그래서 팀으로 일하는 것이고 협업이 필요한 것이다.

3. 숲속에 있으면 나무만 보이지 숲 전체가 보이지 않는다

위치와 관점의 문제는, 팀원이 팀장에게, 하위조직장이 상위조직 리더에게
업무티칭이나 성과코칭을 통한 수직적인 협업을 할 수밖에 없는 이유다.
팀원의 관점에서는 팀 전체의 성과와 차상위조직의 성과기준을
제대로 알 수 없다.
또 한 발 떨어져서 팀원이나 하위조직장의 목표나 달성전략을 보면
어느 부분에 문제가 있는지 더욱 객관적으로 알 수 있다.
물론 경험과 경륜이 많이 쌓여서 그런 면도 있다.
그것은 개인의 능력이나 역량의 문제라기보다는 위치의 문제다.
경기장 밖에서는 뛰는 선수들보다 더 잘 보인다.
남이 두는 바둑판을 보며 훈수 둘 때는 (자신이 둘 때는 안 보이던 것이)
금방 보이는 것처럼 말이다.

협업의 기준을 검증하는 질문

1. 핵심과제, 성과목표, 성과목표 달성방안을 수립하는 단계에서
   협업사항은 어떻게 고려하였는가?
2. 협업을 요청해야 할 역할과 책임의 기준은 무엇이며 마감기한은 언제인가?
3. 협업해야 할 공동의 성과목표는 무엇이며 협업 요청자(조직)와
   협업 대상자(조직)의 역할과 책임은 어떻게 분담되었는가?
4. 협업 대상자에게 협업이 필요한 이유를 정중하게 전달했는가?
5. 협업 요청자와 협업 대상자의 윈윈 포인트는 무엇인가?
   특히, 협업 대상자에게 돌아가는 혜택이나 인센티브는 무엇인가?
6. 조직 차원에서 협업 대상자에 대해 고려하거나 조치할 사항은 무엇인가?
7. 협업의 실행을 위해 리더와 상위조직은 무엇을 지원해주어야 하나?
8. 역할분담에 문제가 발생할 경우, 상위리더는 어떻게 중재할 계획인가?
9. 실행기간에 여유를 두고 요청했는가? 협업 대상자가 현재 수행하는 역할을
   고려했는가?
10. 협업 대상자가 필요로 하는 자료를 먼저 제공했는가?
11. 협업이 힘든 상황이 생길 경우 플랜B를 수립했는가?

협업 프로세스와 리더, 코칭 대상자의 역할

프로세스	핵심과제와 성과목표, 전략 세부 R&R 정리	협업할 R&R 완료일정 요청	협업 요청 배경 상세설명	협업 완료 후 협업에 대한 감사와 보상
리더의 역할	<ul><li>협업은 기본적으로 파트리더나 팀장 같은 리더의 역할이다.</li><li>모든 조직과 담당자들은 기간별로 자신의 역할과 책임을 바탕으로 치열하게 일하고 있다. 그런데 갑자기 타 조직이나 타인의 역할과 책임의 실행을 지원해야 한다면, 그 일에 자신의 시간과 역량을 할애하고 헌신하는 것에 대한 혜택이나 인센티브가 있어야 하고, 조직 전체의 이익에 중요한 일이라는 공감대가 형성되어야 한다.</li><li>그래서 반드시 팀원의 수평적 협업에 대해서는 최소 파트리더나 팀장이 나서서 팀 내 역할과 책임을 조정하거나 타 조직의 리더에게 상황을 설명하고 양해를 구해야 한다.</li><li>팀장이나 상위리더가 하위조직의 역할과 책임의 완수, 성과창출을 위해 티칭하고 코칭하는 것은 일종의 수직적 협업이다. 이러한 협업은 팀장이나 리더의 관리역할에 해당하는 당연히 해야 하는 일이다.</li><li>리더는 코칭 대상자가 협업 프로세스에 따라 기준대로 충실하게 실행하는지 검증하는 역할을 한다.</li></ul>			
코칭 대상자의 역할	<ul><li>수평적 협업을 실행할 때는 협업을 요청할 상대방에게 구체적으로 설명해야 한다. 상대방이 해야 할 역할과 책임의 기준은 무엇인지, 완료일정은 언제이고 협업을 요청하게 된 배경은 무엇인지를 최대한 구체적으로 설명한다. "좀 도와달라"거나 "적극 지원 바람" 등은 아무 도움이 안 된다.</li><li>동료들도 각자의 일로 바쁘다. 때문에 성과목표를 달성하기 위해 어떤 과제를 도와주면 좋겠는지, 어떤 결과물이 필요한지, 언제까지 피드백을 해줘야 하는지 등을 구체적으로 설명해주지 않으면 협업 대상자 자신의 관점에 따라 협업해줄 것이기 때문에 명료해야 한다. 특히 팀원들은 수평적 협업이 매우 중요하다.</li><li>수직적 협업을 해야 하는 직책자에게도 마찬가지다. 일을 시작하기 전에 자신이 생각하는 결과물의 기준과 달성전략, 방법을 구체화해 사전에 상위리더의 코칭을 통해 검증받는 것이 매우 중요하고 필요하다.</li><li>협업 프로세스가 원활하게 이루어지는 것은 권한위임의 핵심조건이다.</li></ul>			

협업을 위한 템플릿 1(수평적 협업)

협업요청 과제	협업요청 과제에 대한 현황 내용	협업을 통해 기대하는 아웃풋	협업 완료일정	협업 대상자 조직의 지원요청 사항
• 코칭 대상자의 성과목표 달성을 위해, 타 조직의 협업이 필요한 과제의 내용을 구체적으로 적는다. • 협업 요청자와 협업 대상자의 역할과 책임 분담 사항을 포함한다. • 협업을 위해 리더나 상위조직 차원에서 지원해주어야 할 사항이 무엇인지도 적는다.	• 협업요청 과제의 개요를 적는다. • 협업요청 과제와 관련한 이해관계자들의 요구사항을 적는다. • 가급적 협업을 통해 협업 요청자와 협업 대상자가 어떻게 윈윈할 수 있는지를 함께 밝히는 것이 좋다.	• 협업을 요청한 타 조직이나 타 부서 담당자에게 협업을 통해 기대하는 구체적인 결과물의 내역과 기준을 적는다. • 협업 요청자(조직)의 관점만 강조하지 말고 협업 대상자(조직)의 상황을 고려해 제시한다.	• 기대하는 협업과제의 완료일정을 적는다. • 가급적 협업완료에 이르는 과정상의 기간, 일정과 과정목표를 함께 제시한다.	• 협업대상자가 속한 조직의 지원요청 사항을 적는다. • 협업으로 인해 협업 대상자의 기존 역할과 책임, 성과목표 및 액션플랜의 조정이 필요할 수 있음을 염두에 두고 적는다.

협업을 위한 템플릿2(수직적, 수평적 협업)

협업 요청자(조직)의 요구사항		협업 대상자(조직)의 실행기준	
1. 무엇을 (what)	협업을 요청하는 과제를 구체적으로 적는다.	4. 기대하는 아웃풋, 결과물 (상태적 목표)	요청받은 과제를 완료했을 때 기대하는 결과물의 모습을 구체적으로, 즉 세부내역의 형태로 자세히 나열한다(실행자가 생각한 것). 동사나 대명사로 적지 말고 명사로 적는다.
2. 언제까지 (when)	언제까지 완료해야 하는지 마감기한을 적는다.	5. 달성전략, 실행전략	결과물을 달성하기 위한 달성전략과 액션플랜을 적는다(실행자가 생각한 것).
3. 왜(why)	협업과제의 수행 이유나 배경, 목적을 적는다.	6. 지원요청 사항	달성전략과 액션플랜대로 실행하려고 할 때 협업 요청자가 지원해주길 바라는 요청사항을 적는다.

[Q&A] 협업관리에 관해 궁금한 것

Q1 협업의 정의가 무엇인가? 자신의 역할과 책임이 끝났는데 시간이 남으면 다른 동료를 도와야 하는 것이 협업인가?

A1 협업이란 자신의 역할과 책임을 다하는 데 특정 능력이나 역량이 부족한 경우, 다른 조직이나 타인으로부터 지원받는 행위다. 조직과 개인은 이미 상위조직의 성과목표달성을 위해 협업하고 기여해야 할 역할과 책임의 기준을 직책, 기능, 기간별로 부여받는다. 그런 의미에서 조직의 성과창출을 위해 자신에게 부여된 역할과 책임을 다하는 것이 가장 본질적인 협업인 셈이다. 부여받은 역할과 책임을 실행하기 위해 전략과 액션플랜을 수립해보면 비로소 협업이 필요한 사항이 구체적으로 도출된다. 그 전에는 직관적으로 알아차리기 어렵다. 협업은 막연한 의미의 협동, 협조와 다르다. 협업은 조직의 공식적인 역할과 책임의 영역에 해당하고, 당연히 필요한 자원을 분배해야 할 필수업무다. 협동이나 협조는 공식적이라기보다는 비공식적으로 일어나며, 서로 도움을 주고받는 자발적인 행위다. 반면 협업은 공식적인 업무로 의무적으로 해야만 하는 일이다.

Q2 자신의 일은 자신이 알아서 하고 결과에 대해 책임을 지면 되지 굳이 협업이 필요한가?

A2 날이 갈수록 업무가 전문화되고 세분화되기 때문이다. 이제는 자신에게 주어진 역할과 책임을 다하는 데 혼자만의 능력과 역량만으로는 한계가 있다. 특히 코칭해주는 상위리더의 수직적 협업이 매우 중요하다. 보통 협업이라고 하면 동료나 타부서와의 수평적 협업을 생각하기 쉬운데, 상하 간 수직적 협업이 기본이다.

기대하는 결과물에 대한 시각 차이, 전략이나 액션플랜에 대한 관점 차이를 극복하기 위해서는 일을 하기 전에 상위리더의 코칭을 받아야 한다. 그러한 수직적 협업이 매우 중요하다. 실행과정에서도 실행하는 사람이 불안감을 느끼지 않으려면 월간, 주간, 일일 단위로 자신의 역할과 책임과 실행방법에 대해 검증받고 실행하는 것이 두려움을 없애는 방법이다. 조직에서 일을 하려면 협업은 의무다.

Q3 협업을 요청받았는데 제대로 된 결과물을 못 만들어내거나 제때 협업을 해주지 못했다면 어떻게 해야 하나?

A3 협업은 협조나 협동이 아니다. 시간이 남아서 하는 재능기부도 아니다. 협업을 요청한 상대방의 성과창출을 위해 반드시 선제적으로 기여해야 하는 역할과 책임이다. 때문에 책임감을 갖고 협업에 임해야 한다. 본연의 역할도 중요하지만 조직 전체 관점에서 협업과제가 더 중요할 수도 있다. 협업을 요청받았을 때 기대하는 결과물과 실행방법에 대한 실행자(협업을 요청받은 사람)의 생각을 구체화해 협업을 요청한 사람에게 설명하고, 지원요청 사항을 구체적으로 요구해야 한다. 협업이 제대로 되지 않았다면 애초에 협업을 요청할 때 제시한 결과물의 기준과 실제 결과물을 비교분석해 원인이 무엇인지 찾아야 한다. 거기에서 개선과제와 만회대책을 수립해 협업을 요청한 사람에게 설명해주고 추가 요청사항을 받아 실행해야 한다. 물론, 사전에 상위조직 리더와 협의해 협업과제를 제때, 제대로 실행하는 데 역량을 우선 집중해야 한다.

3. 리뷰(시 앤드 피드백)
_성과평가와 피드백

시 앤드 피드백 단계는 리뷰 단계라고도 한다.

리뷰는 성과평가와 피드백으로 나눌 수 있다.

성과평가는 성과목표 대비 성과를 평가하는 것도 중요하지만

성과목표가 실행되는 프로세스 준수 여부나,

전략적 실행과정에 대한 과정평가도 동시에 진행해야 의미 있다.

성과평가의 목적은 개선과 성장이다. 상벌의 개념이 아니다.

성과평가를 통해 개선과제와 보완과제를 찾아내고 실행해야 한다.

최종 성과평가도 중요하지만 기간별 과정 성과평가도 못지않게 중요하다.

5단계 : 성과평가와 피드백1

성과평가란?

프로젝트를 시작하기 전이나 연초에 합의한

성과목표 혹은 아웃풋의 기준대로 실제 달성한 성과가

얼마나 부합하는지 비교해보고 차이를 분석하는 작업이다.

결과물에 대한 품질평가, 납기평가, 소요자원평가가 포함된다.

성과평가와 유사한 것처럼 쓰이는 결과평가(실적평가) 개념이 있다.

결과평가도 사전에 기준을 정해 놓기는 하지만

달성한 결과를 보고 평가자가 임의적·주관적으로 평가한다는 점이 다르다.

성과평가가 제대로 이루어지기 위해서는

사전에 결과물의 기준에 대해 리더와 실무자가 합의해야 하고

그 합의한 기준에 근거해 평가하는 것이 가장 중요하다.

과정평가란?

과정평가는 성과를 창출하는 과정이 프로세스대로 제대로 실행되었는지,
기간별 아웃풋은 제때 제대로 산출되었는지,
성과목표 달성방안이 제대로 적중했는지 평가하는 것이다.
비록 조직이 원하는 성과를 창출하지 못했지만
성과창출 프로세스가 제대로 작동되었다면 인정해준다.
반대로 결과가 아무리 좋아도 기획과 계획이 부실한 상태에서
나온 것이라면 좋은 평가를 받기는 어렵다.

성과창출 프로세스를 준수했음에도 불구하고
성과가 제대로 나오지 않았다면, 그 이유는 뭘까?
대개 상위리더의 코칭과 권한위임, 기간별 아웃풋 관리에
문제가 있었을 가능성이 크다.

성과평가와 과정평가는 왜 해야 하는가?

1. 제대로 된 평가가 없으면 무엇이 부족한지도 모른다

성과평가나 과정평가를 하면 기대하는 성과를 창출하지 못한

원인도 분석할 수 있고 개선과제나 만회대책을 수립할 수 있다.

대개 조직에서 일이 끝나고 나면 두루뭉술한 결과보고로 마무리한다.

때문에 성과가 부진한 경우, 개선과제를 제대로 파악하기 어렵다.

특히 성과를 창출했다고 하더라도 과정평가가 없다면

실행과정에서 부족한 부분을 찾아낼 수 없고 개선의 여지가 없다.

어떤 회사의 리더는 "평가를 하면 구성원들이 스트레스를 받으니까

성과관리 프로세스만 적용하고 평가는 하지 말자."고 한다.

이는 성과관리와 성과평가의 본질은 제대로 파악하지 못한 것이다.

성과관리 프로세스는 리더의 인기관리 도구가 아니다.

무슨 일이든 일을 시작하기 전에는 목표, 전략, 자원에 대해 기획을 한다.

그리고 일이 끝나고 나면 성과를 평가와 잘한 것과 잘못된 것을 피드백한다.

기획과 피드백이 있어야 발전이 있고, 이것이 제대로 일하는 프로세스다.

실행행위만 일로 인식하는 것은, 일의 본질을 제대로 모르는 후안무치다.

2. 조직과 개인이 성장하고 발전할 수 있는 계기다

과정평가를 진행하면서 부족한 능력과 역량이 밝혀지면
자기계발을 통해 이전보다 성장할 수 있다.
대부분의 조직은 여전히 결과평가나 실적평가를 하기 때문에
실행주체의 능력이나 역량에 대한 평가를 제대로 하지 않는다.
그리고 그런 평가를 매년 반복한다.
성과부진의 근본적인 원인 중 95% 이상이
실행주체의 능력과 역량 미흡인데,
조직이 이 부분을 정확히 알 수가 없는 것이다.
따라서 결과평가만 반복해서는 개선도, 만회도 불가능하다.
조직은 물론이고 개인의 성장, 발전도 기대하기 어렵다.

3. 동기부여와 보상을 위한 근거로 활용할 수 있다

공정한 평가가 전제되지 않으면 연봉인상이나 성과급, 인센티브,
승진 등에 대한 객관적인 근거를 마련할 수 없다.
대부분의 조직에서 성과평가라는 이름으로 실제로는 결과평가를 하고 있고,
과정평가는 아예 시도조차 하지 않는다. 일 자체의 올바른 진행도 중요하지만,
일이 끝나고 나서 성과에 대해 제대로 평가하고
개선, 보완점을 찾아 실행하는 것도 못지않게 중요하다.

투명하고 공정한 평가로 자신이 한 업무가
상위조직이나 회사 전체의 목표에 얼마나 기여했는지를 밝혀야 한다.
그 결과를 연봉이나 인센티브에 연계시켜서 일한 만큼 보상해야
구성원은 성취감을 느낄 수 있다.
이것이 곧 인정과 존중의 핵심 메커니즘이다.

성과평가의 기준을 검증하는 질문

1. 핵심과제 도출 단계에서 설정한 기간초 목표와 기간말 성과 간의 갭은 실제로 얼마나 해소되었는가?

2. 당기과제, 선행과제, 개선과제 각각이 당초의 취지와 목적에 따라 안배되어 수행되었는가?

3. 과제만 수립해놓고 진전을 이루지 못했거나, 중간에 코칭 과정 없이 유보되거나 연기된 사항은 없는가?

4. 성과관리 단계별로 실행되어야 할 5단계 내용을 충실히 이행했는가? 제대로 실행되지 못한 단계가 있다면 그 이유가 무엇인가?

5. 결과물의 세부내역이 성과목표조감도에서 구상한 것과 얼마나 일치하는가?

6. 당초 기획한 기간별 아웃풋 관리와 액션플랜은 계획대로 충실히 이행되었는가?

7. 실행과정에서 외부환경 리스크 혹은 내부역량 리스크가 발생한 경우, 예상리스크 대응방안은 얼마나 실효성 있게 적용되었는가?

8. 플랜B가 요구되는 위기 상황에서 얼마나 선제적으로 대응했나?

9. 내외부 상황변화에 과제내용, 성과목표, 액션플랜을 조정해 대처했는가?

10. 실행과정에서 코칭 대상자의 조직 내 협업 혹은 타 조직과의 협업은 수립된 협업과제에 의거해 원활히 이루어졌는가?

성과평가와 과정평가 프로세스별 리더와 코칭 대상자의 역할

프로세스	사전에 합의한 성과목표 확인	실제 달성한 성과확인	갭 확인	과정평가
리더의 역할	• 성과평가와 과정평가를 할 때, 리더는 평가 프로세스와 프로세스 단계별 작성방법을 알려주고, 객관적 데이터에 근거해 1차로 대상자가 직접 작성하도록 한다. • 코칭 대상자가 사전에 합의한 목표 대비 성과를 스스로 평가해볼 때, 결과물과 납기, 예산,소요시간 등 자원에 대한 부분도 평가하도록 유도한다. • 과정평가의 경우, 프로세스 단계별로 기준에 따라 제대로 실행했는지, 코칭 대상자가 선택한 전략과 예상리스크 대응방안은 제대로 작동됐는지를 사전 기준과 비교해 구체적으로 평가한다.			
코칭 대상자의 역할	• 리더로부터 평가 프로세스와 프로세스 단계별 작성방법을 경청하고 난 다음, 객관적 데이터를 근거로 기준과 실제 결과물을 비교해가며 평가한다. • 대상자가 기준과 근거 중심으로 1차 작성을 해야 그것을 바탕으로 리더가 질의응답하며 객관적으로 검증할 수 있다. 때문에 본인의 주관적 의견이 아니라 객관적 사실에 근거해 작성해야 한다.			

성과평가와 과정평가를 위한 템플릿

구분	사전에 합의한 성과목표	실제 달성한 성과	갭	과정평가
평가 대상자 (1차 자기평가)	일을 하기 전에 합의한 성과목표를 그대로 옮겨 적는다.	사전에 합의한 기준 대비 실제 달성한 결과물의 내용을 실적이 아니라 결과물의 형태로 적는다.	차이가 얼마나 나는지 구체적으로 적는다.	성과관리 프로세스를 제대로 준수했는지, 과정목표에 대한 중간 평가를 제대로 실행했는지에 대해 객관적 사실을 기입한다.
평가자 코칭	리더는 코칭 대상자가 기술한 1차 평가내용이 기준에 부합하는지에 대해서만 평가하고 의견을 서술한다. 내용에 대해서는 언급하지 않는다.			

[Q&A] 성과평가와 과정평가에 관해 궁금한 것

Q1 성과평가의 특징은 무엇인가? 업적평가라고도 하는데, 평가방식이 다른가?

A1 성과평가란 성과목표 대비 실제 결과물, 즉 목표와 성과를 비교평가하는 방식이다. 사전에 지향적 목표나 과제를 대개 목표로 설정한다. 대부분 평가시즌이 되면 기준 대비 달성 결과물을 엄격하게 평가하기보다 결과물을 달성하는 데 얼마나 난이도가 높았는지, 목표 자체가 중요한지 등을 감안해 가치판단하는 경우가 많다. 이러한 방식을 대개 결과평가, 업적평가 방식이라고 한다. 1년 동안 혹은 지난 기간의 업적이라고 할 만한 내용을 표기하면 평가자가 가치를 판단하는 방식이다.

반면 성과평가 방식은 철저하게 사전에 합의한 목표를 기준으로 평가하는 객관적 평가방법이다. 성과평가 방식을 성공적으로 적용하기 위해서는, 사전에 목표를 합의하는 것도 중요하지만 최소 월간이나 분기 단위로 과정 성과평가를 실시해 최종 성과평가에 대한 근거를 마련해 두는 것이다. 연간성과도 중요하지만 기간별 과정성과를 평가해 근거를 축적해놓아야 객관성과 공정성, 투명성을 확보할 수 있다.

Q2 과정평가란 구체적으로 무엇을 말하는가? 나름대로 열심히 일했다는 것을 어필하면 되나?

A2 과정평가란 한마디로 성과창출 프로세스에 충실했느냐에 대한 평가다. 핵심과제 도출, 성과목표 설정, 성과목표 달성방안 수립, 기간별 아웃풋 관리, 협업관리 등 최종성과가 창출되기 위한 인과적 과정관리를 제대로 실행했느냐를 평가한다. 그리고 성과목표를 달성하기 위한 전략과 예상리스크 대응을 제대로 실행했느냐에 대한 평가다. 막연하게 열심히 노력한 일은 실적이라고 하는데 과정관리의 핵심은 인과적 과정관리다.

또한 과정평가는 연간목표나 전체 목표를 분기나 월간 단위로 캐스케이딩해 기간별 성과창출이 제대로 이루어졌는지 평가하는 것이다. 기간별 과정성과평가를 해보면 기간별로, 계절별로 어떤 외부환경 리스크요인과 내부역량 리스크요인이 성과창출에 영향을 미치는지 예측할 수 있고 다음의 성과창출에 대비할 수 있다.

Q3 성과를 창출하지는 못했지만 과정관리를 제대로 했다면 일을 잘했다고 볼 수 있는가?

A3 과정관리를 제대로 했다면 아마 원하는 성과를 냈을 것이다. 성과창출에 인과적으로 영향을 미치는 선행목표에 대한 과정관리를 했는데도 성과가 나오지 않았다면, 예상리스크 요인 대응이 미흡했기 때문일 것이다. 상위리더의 코칭도 눈에 보이지 않는 성과부진의 원인이 될 수 있다. 외부환경이나 내부역량에 대한 예상리스크 요인을 사전에 도출하고, 그에 대한 리스크 헷징 작업을 하고, 단계별로 상위리더의 코칭도 꼬박꼬박 받았는데 성과창출을 하지 못했다면 그건 그야말로 역부족이다.

이 경우 성과는 창출하지 못했지만 제대로 일했다고 인정해주어야 한다. 그러나 성과창출 프로세스를 제대로 실행했는데도 성과가 창출되지 않았다면, 그런 경우는 성과책임을 제대로 부여하지 못한 조직이나 리더의 책임이라고 볼 수밖에 없다. 과정관리를 제대로 실행해 사전에 성과평가 점수와 과정평가 점수를 구분해서 인정해주면 동기부여가 되어 반드시 다음번에는 성과를 창출할 것이다.

피드백이란?

과제(역할) 수행을 완료하고 난 후

해당 과제가 당초 목표한 대로, 계획대로 수행되었는지

달성한 성과와 전략, 과정을 평가한다.

원하는 성과가 나오지 않았을 경우

기획한 전략과 실행한 전략과의 인과관계를 분석해본다.

성과창출 프로세스가 제대로 작동했는지 따져보고

개선해야 할 과제와 만회해야 할 대책을

구성원이 인식할 수 있도록 코칭해준다. 이 모든 과정이 피드백이다.

피드포워드란?

미래에 성과목표 달성 가능성을 높이기 위해

과제를 수행하기 전에 명확한 상태적 성과목표를 인식하고

고정변수와 변동변수로 구분한 다음

성과창출에 인과적으로 영향을 미칠 변동변수를

현장의 객관적인 데이터 중심으로 인식하고

고정변수와 변동변수에 대한 변수별 공략방법을 수립하고

예상리스크 요인에 대한 대응방안을 세우고

액션플랜을 수립하도록 코칭하는 것을

피드포워드라고 한다.

개선과제란?

개선과제란 지난 기간(연간, 반기, 분기 등)의 성과부진의 원인을 해결해
다음의 성과에 부정적인 영향을 미치지 않게 하기 위한 과제다.

성과부진의 원인을 분석해보면
대개 일하는 프로세스에 문제가 있거나
실행하는 사람의 능력과 역량 부족 때문이다.

능력이란 업무를 제대로 수행하기 위한
지식, 스킬, 행동, 경험의 합이다.
역량이란 성과창출에 결정적인 영향을 미치는 실행력이다.
플랜, 두, 시 앤드 피드백 단계에서
각 단계를 행동으로 옮길 수 있는 실행력이 역량이다.

플랜 단계의 핵심과제 도출, 성과목표 설정, 성과목표 달성방안 수립,
두 단계에서의 기간별 캐스케이딩과 아웃풋 관리, 협업관리 등이

제대로 실행되지 않았을 때 원하는 성과가 창출되지 않는 경우가 많다.
개선과제에는 능력개발과 역량훈련의 과제가 도출되는 경우가 많다.

원하는 성과가 창출되지 못하고 부진할 때
특히 영업이나 생산과 같은 업무영역에서는
다음 달, 다음 분기에 추가로 만회해야 할 과제도 있다.
이번 달, 이번 분기에 실행하기로 한 과제를 실행하지 못했을 때
다음 달, 다음 분기로 순연되는 경우도 만회과제다.

개선과제는 왜 도출해야 할까?

1. 반복적인 성과부진의 사전예방

부족한 능력이나 역량은 하루아침에 개발되는 것이 아니다.
제대로 개선하고 훈련하지 않으면 성과창출에 지속적인 영향을 미친다.
특히 개선과제 중 리더의 성과코칭 역량은 보이지 않아도 매우 중요하다.
실행하는 사람(팀원, 실무자)의 플랜 단계, 두 단계의 실행력은
성과창출에 결정적인 영향을 미치는 과제다.
그런데 대부분은 외부환경을 탓하거나 지원의 미비 혹은 부족을 핑계 댄다.

2. 미달성 과제의 추가 보완수행

객관적인 데이터 중심으로 성과평가를 실행해보면,
세부목표가 미달성되어 어떻게든 보완해야 하는데
그냥 어물쩍 미완성 형태로 넘어간 경우가 많다.
이 경우 개선과제 찾기도 중요하지만, 미달성 부분 만회가 당장 급선무다.
단, 일회성 과제나 프로젝트의 경우 만회대책 자체가 무의미할 수 있다.

개선과제 도출의 기준을 검증하는 질문

1. 성과평가와 과정평가, 전략평가 후 성과창출에 인과적 영향을 미친 원인요소들을 분석했는가?

2. 성과평가, 과정평가, 전략평가를 통해 도출했는가?

3. 기간별로(최소 월간 단위로) 일이 끝나고 난 뒤 리뷰했는가?

4. 성과창출 프로세스를 개선할 과제를 도출했는가?

5. 개선과제에 대해 기대하는 성과목표를 설정하고 완료일정까지 설정했는가?

6. 성과부진의 원인에 대해 증상을 원인으로 혼동하지 않았는가?

7. 동일한 부진의 원인에 대해 다시 반복되지 않도록 할 근본적인 원인을 찾았는가?

만회대책 수립 기준을 검증하는 질문

1. 만회과제의 성격이 미달성된 목표인가? 아예 실행하지 못한 과제와 목표인가?

2. 미달성된 목표가 사전에 설정한 목표와 사후 실제 결과물의 비교평가를 통해 도출되었나?

3. 만회과제에 대해 납기를 정하고 기대하는 성과목표를 구체화했는가?

4. 만회대책을 실행할 때 협업할 대상이나 유관부서를 선정하고 협업과제를 설정했나?

5. 만회과제를 다음 기간별 성과목표에 반영했나?

6. 만회과제가 역할과 책임의 범위를 넘어서는 것은 아닌가? 그렇다면 만화과제를 수행해야 할 조직과 담당자를 선정했는가?

성과평가와 과정평가 프로세스별 리더와 코칭 대상자의 역할

프로세스	성과분석을 통한 갭 규명	개선과제 도출	갭의 원인분석	개선과제, 만회대책 수립
리더의 역할	• 리더는 성과평가나 과정평가와 마찬가지로 평가가 끝났으면 원인분석을 객관적으로 해야 할 필요성을 대상자에게 설명하고, 원인분석과 개선과제 도출, 만회대책 수립에 대한 방법과 프로세스를 설명해준다. • 대상자가 1차 분석한 내용에 대해 기준에 얼마나 부합하는지를 질의응답 방식으로 검증한다.			
코칭 대상자의 역할	• 성과평가를 하고 나서 차이가 나는 부분에 대해 원인을 분석하고 개선과제와 만회대책을 수립한다. 이러한 일련의 과정을 객관적인 사실에 입각해서 1차 기록작업을 한다. • 1차 분석한 내용을 코치(리더)에게 설명해주고 기준에 제대로 부합하는지 검증받고 코칭받는다. • 리더는 해법을 제시하는 사람이 아니다. 질의응답을 통해 코칭 대상자가 성과창출의 해법을 스스로 찾도록 검증하고 지원하는 역할을 한다. 코칭 대상자가 스스로 문제해결을 해야 한다는 사실을 명심한다.			

개선과제와 만회대책 도출을 위한 템플릿

구분	사전에 합의 성과목표와 실제 달성한 성과의 갭	원인분석	과정평가의 내용	개선과제	만회대책
평가 대상자 (1차 자기평가)	• 사전에 합의한 성과목표를 쓰고, 실제 달성한 결과물인 성과를 있는 그대로 적는다. • 성과목표와 실제 달성한 결과물 간에 차이가 나는 부분을 적는다.	• 차이가 나는 원인이 무엇인지를 찾아본다. 나타난 현상만 보지 말고 근본적인 원인을 찾는다.	• 성과관리 프로세스 단계별로 제대로 실행되지 못한 부분을 적는다. • 성과목표를 실행하는 과정에서 놓친 부분을 적는다.	• 성과부진의 원인을 해결하기 위한 능력이나 역량, 업무 프로세스 부분에서 개선해야 할 과제를 적는다. • 성과관리 프로세스 단계 중에서 제대로 실행해야 할 단계를 과제화한다.	• 성과 미달성 부분 중에서 다음 기간에 반드시 추가하거나 보완해야 할 부분이 있다면 기간과 달성목표를 명시해서 달성하도록 한다.
평가자 코칭	리더는 코칭 대상자가 기술한 1차 평가내용이 기준에 부합하는지에 대해서만 평가하고 의견을 서술한다. 내용에 대해서는 언급하지 않는다				

능력과 역량의 개념

능력이란 역할수행 자격이자 노하우

능력(capability)은 역할수행을 수행을 잘해내기 위한 자격요건이다.

주어진 업무를 수행하기 위해 필요한 지식, 스킬, 태도, 경험의 합을 말한다.

직무분석을 통해 도출하며 노하우(know how)라고 한다.

성과창출의 필요조건이다.

역량은 책임완수 자격이자 두하우

역량(competency)은 책임완수를 제대로 해내기 위한 자격요건이다.

성과창출을 위한 프리뷰, 인과적 실행, 리뷰 단계를

실행할 수 있는 행동력을 말한다.

전략분석을 통해 도출하며 두하우(do how)라고 한다.

성과창출의 충분조건이다.

역량 vs. 능력

능력	역량
• '업무[실행과제]'를 실행하기 위한 지식과 스킬과 경험의 총합 • 노하우 • 경력, 학력, 자격증 등 스펙 • 역할수행을 위한 지식요건 [지식, 스킬, 태도, 경험] • 성과창출의 필요조건	• 수요자가 '원하는 결과물' 즉, 성과목표를 달성하기 위한 실행력 • 두하우 • 전략적 역할행동 기준 • 책임완수를 위한 행동요건 • 성과창출의 충분조건 [기획, 계획, 캐스케이딩, 평가, 피드백]

능력진단표 작성요령

올해 수행해야 할 과제		자격 요건		갖추어야 할 것	이미 갖추고 있는 것	부족한 것	올해 개발목표
역 할	올해 수행해야 할 과제들을 숫자를 붙여 차례차례 적는다. 주로 선행과제, 당기과제, 개선과제로 분류되는데 당기과제가 많다.	능 력	지 식	과제를 실행하는 데 필요한 지식을 적는다. 지식은 '알아야 하는 것'이다. 담당자가 먼저 적고 상위리더가 코칭을 통해 보완해 준다.	갖추어야 할 것 중에서 갖추고 있다고 생각하는 것을 적는다.	갖추어야 할 것 중에서 부족하다고 생각하는 것을 적는다.	부족한 것 중에서 올해 개발해야 할 지식을 적고 목표와 방법을 적는다.
			스 킬	과제를 실행하는 데 필요한 스킬을 적는다. 스킬은 '할 수 있어야 하는 것'이다.	갖추어야 할 것 중에서 갖추고 있다고 생각하는 것을 적는다	갖추어야 할 것 중에서 부족하다고 생각하는 것을 적는다.	부족한 것 중에서 올해 개발해야 할 스킬을 적고 목표와 방법을 적는다.

역량발휘 기준		발휘해야 할 기준	이미 행동으로 발휘하고 있는 것	부족한 것	올해 훈련목표
역 량	기획	전략과제 도출 수요자가 원하는 목표설정 달성전략 수립 리스크 대응방안 수립 소요자원 산정	실제 행동으로 발휘 하고 있는 사항을 구체적으로 기술	발휘해야 할 기준 대비 실제 발휘하 는 행동 간 갭을 구 체적으로 기술	습득할 사항과 강 화, 보완할 사항으 로 구분해서 제시
	계획	일정별 실행과제 추진일정	실제 행동으로 발휘 하고 있는 사항을 구체적으로 기술	발휘해야 할 기준 대비 실제 발휘하 는 행동 간 갭을 구 체적으로 기술	습득할 사항과 강 화, 보완할 사항으 로 구분해서 제시
	실행 (캐스케 이딩 & 협업)	월간목표와 전략 주간목표와 전략 일일목표 수직적 협업 수평적 협업	실제 행동으로 발휘 하고 있는 사항을 구체적으로 기술	발휘해야 할 기준 대비 실제 발휘하 는 행동 간 갭을 구 체적으로 기술	습득할 사항과 강 화, 보완할 사항으 로 구분해서 제시
	성과 평가	성과평가 과정평가 전략평가	실제 행동으로 발휘 하고 있는 사항을 구체적으로 기술	발휘해야 할 기준 대비 실제 발휘하 는 행동 간 갭을 구 체적으로 기술	습득할 사항과 강 화, 보완할 사항으 로 구분해서 제시
	피드백	개선과제 도출 만회대책 수립	실제 행동으로 발휘 하고 있는 사항을 구체적으로 기술	발휘해야 할 기준 대비 실제 발휘하 는 행동 간 갭을 구 체적으로 기술	습득할 사항과 강 화, 보완할 사항으 로 구분해서 제시

[Q&A] 개선과제 도출에 관해 궁금한 것

Q1 성과를 100% 달성했는데도 개선과제 도출이 필요한가?

A1 성과를 100% 달성했다고 하더라도 과정평가를 통해 부족한 점은 무엇인지, 실행자의 역량으로 성과가 창출되었는지 아니면 외부환경 변화로 운이 좋았던 것인지 분석해봐야 한다.

성과가 초과달성 되었더라도 그 이유가 무엇인지를 분석해봐야 다음에 비슷한 성과를 창출할 때 참고할 수 있다. 그리고 성과창출 여부만으로 성과를 평가한다면 자칫 대상자가 자만심에 빠질 수 있기 때문에 성과만 평가하지 말고 과정평가와 전략평가를 통해 개선과제를 도출하고 실행해야 한다.

Q2 개선과제 도출과 만회대책 수립이 제대로 구분되지 않는다. 차이가 무엇인가?

A2 대개는 개선과제나 만회대책을 구분하지 않고 사용한다. 엄밀히 말하면 개선과제란 성과부진의 원인을 분석해 원인을 해결하기 위해 개선하는 것이고, 만회대책이란 미달성성과(예를 들어 100억을 달성하기로 했는데 90억 달성하고 10억을 미달성 했다든지, 실행하기로 한 과제를 실행하지 못한 과제)를 다음번에 언제까지 채우거나 실행할지를 기획하고 계획하는 것이다.

개선과제를 해결해야 반복적인 성과부진 현상을 해결할 수 있다. 개선과제는 성과부진의 근본적인 원인을 해결할 수 있는 일하는 프로세스 개선이나 리더의 관리역할 행동 개선, 실무자의 능력과 역량에 대한 것이어야 하는데 종종 대증요법에 의한 증상치료 과제를 선정하는 경우가 있다. 이를테면 A고객사를 공략하지 못해 매출이 부진했다고 치자. 그렇다면 개선과제를 'A고객사 공략'이라고 해야 할까? 그보다는 A고객사를 공략하지 못한 근본적인 원인을 찾아야 한다. 근본적인 이유는 전혀 다른 곳에 있을 수도 있는데, 겉으로 드러난 증상만 치료하느라 헛발질할 수도 있기 때문이다.

Q3
개선과제 도출이 주로 능력개발, 역량훈련과 연관 있다고 했는데 자기계발 계획과 어떻게 연계되는가?

A3
개선과제 도출을 통해서 제기된 부족한 능력이나 역량과 올해 성과목표 달성을 위해 필요한 능력과 역량을 합해 자기계발 계획을 세운다. 개선과제에 해당하는 능력과 역량은 자기계발 계획의 일부분이다. 개선과제가 대부분 실행자의 능력과 역량에 해당되지만 상하 간, 부서 간에 진행되는 협업과 관련된 프로세스 개선도 있으니까 구분해서 과제화하고 실행해야 한다.

에필로그 _ 성과코칭은 리더십의 혁명이다

우리나라 기업이나 기관 중에 성과코칭 기법을 제대로 적용하는 곳이 있을까? 내가 알기로는 거의 없다. 사례를 찾아보고 싶을 정도로 희귀하다. 물론 많은 기관과 기업에서 "성과 중심의 경영" 등의 캐치프레이즈를 내걸고 코칭을 하지만, 대부분 라이프코칭의 형태다. 그러니 성과창출 프로세스에 기반을 두고 실질적인 일하는 방법을 알려주는 책은 이 책이 최초라고 해도 과언이 아닐 것이다. 부디 많은 기업과 리더들이 성과코칭에 대한 필요성을 느끼고 도입해 지속가능한 성과를 창출하기를 기대한다. 궁금해할 독자를 위해 나와 함께 성과코칭을 도입하고 있는 주요 기업 몇 곳을 소개하겠다.

• 자동차 소재와 부품 제조회사인 삼보산업과 삼보오토는 2010년부터 성과코칭을 도입해왔다. 이태용 회장이 일관성 있는 추진력으로 직접 챙기며 임원과 팀장들을 대상으로 성과코칭 훈련을 시킨다. 그 결과 개념과 프로세스를 익히고 연간이나 분기 단위 정도로는 적절히 적용하고 있다. 하지만 아직 월간이나 주간 단위의 일상업무까지 성과코칭 기법을 적용하지는 못하고 있다. 무려 10년 넘게 애써왔지만 아직 체질화되지는 않았다. 그만큼 조직의 변화가 어렵다는 방증일 것이다. 여전히 실무자로부터 보고받고 지시하고 결재

하는 임원, 팀장들이 존재하기 때문이다. 그들부터 변화해야만 하위조직이나 실무자들 역시 자기완결적으로 성과를 창출하고 새로운 역할행동을 체득할 것이다.

- 치과에서 사용하는 임플란트, 체어 외 다양한 치과용 장비를 생산하고 사업하는 메가젠임플란트도 성과코칭을 도입한 회사다. 현직 치과의사인 박광범 대표이사가 직접 오랫동안 애써왔다. 박광범 대표는 일하는 방식에 대해 "예측이 가능하고, 계획한 대로 이룬다"라는 핵심가치를 정해놓고 성과코칭 방식을 접목하고 실행해왔다. 리더들의 역할행동이 아직은 기대한 만큼 변화하지 않았지만, 차근차근 조직에 적용하고 있다. 생각을 바꾸고 습관을 바꾸고 프로세스를 바꾸는 일이기 때문에 여간 지난한 일이 아닐 수 없다.

- 대기업도 성과코칭에 대한 필요성을 절감하고 속속 시도하고 있다. LG디스플레이는 2021년 10월부터 파일럿 테스트를 했고, 2022년부터 내부 임원 출신들을 선발해 '퍼포먼스 어드바이저(performance advisor)'로 임명했다. 일종의 성과코치인 그들에게 코칭 방법론을 훈련시키고, 그들이 팀장이나 파트리더, 리더 후보군들을 1:1로 성과코칭하고 있다.

- 래미안 브랜드로 유명한 삼성물산 건설부문도 '자율경영과 권한위임'을 화

두로 삼고 전 조직에서 체인지 리더(change leader)를 220명가량 선발했다. 이들을 자율경영 전도사로 내세워 성과코칭 방법을 전파시키고, 조직 전체에 자율경영과 권한위임이 정착시키려는 목적이다. 이 역시 CEO가 직접 챙기며 밀어붙이고 있다.

- NH투자증권 정영채 사장은 '과정가치'라는 개념으로 성과코칭을 실현하고 있다. 기존의 재무지표, KPI 중심의 실적관리를 과감하게 청산하고, 재무성과에 선행하는 '과정가치'를 찾아 자율적으로 목표를 설정하고 실행하게 하는 중이다. 성과관리의 핵심인 선행과제 관리와 자율책임경영을 현장에서 실현하고 있다.

- 하늘보리로 유명한 웅진식품은 2020년부터 이지호 대표의 주도로 성과코칭을 도입했다. 팀장, 본부장들에게 예전 방식의 업무지시를 버리고 성과코칭 방법론을 새로이 무장하고 실행할 것을 주문했다. 연간 사업계획, 분기·월간 성과기획서를 통해 성과코칭 문화를 확산하고 있다.

이처럼 많은 기업이 성과코칭을 도입하고 있다. 명칭이나 제도는 약간씩 다르지만, 전체적인 흐름은 성과코칭을 통한 자기주도적 자율책임 경영으로 넘어가는 추세다. 예전처럼 상사들이 업무를 지시하고 보고받는 방식은 앞으로의 기업경영, 아니 생존 자체가 불가능하다고 판단했기 때문이다. 대안은 실무자가 자율책임 경영을 하는 것뿐이다. 그러기 위해서는 권한위임이 필수고, 성과코칭 방법의 프로세스화, 체질화가 중요하다.

그런데 성과코칭의 당위성에 깊이 공감하는 리더들도 걱정하는 것이 몇 가지 있다. 그중 대표적인 것이 실무자의 실행력이 뒷받침되는가에 대한 걱정이다. 실행력의 핵심 성공요인은 2가지다. 첫 번째는, 일하기 전에 리더와 실무자 사이에 '기대하는 결과물'에 대한 기준을 사전에 합의하는 것이다. 두 번째는, 사전에 합의한 그 '기대하는 결과물'을 어떻게 실행으로 옮길 것인지, 즉 달성전략과 실행방법을 실무자로 하여금 고민하게 하고 일을 지시한 리더는 성과코칭하고 권한위임하는 것이다. 그러기 위해서는 임원이나 팀장 같은 직책자들이 상사 노릇이 아니라 리더 역할을 해야 한다.

앞에서도 강조했지만, 리더와 리더십은 다르다. 리더십의 본질은 성과창출이다. 인품이 훌륭하고 지식과 경험이 많은 것도 중요하지만, 조직의 책임자는 조직이 만들어내야 하는 성과를 만들어내고 실무자들이 성과를 창출하게 할 수 있어야 한다. 이것이 숙명이다. 그런 의미에서 성과코칭은 리더십의 혁명이다.

혁명의 본질을 이해해야 한다는 뜻이다. 그러니 리더라면 조직을 살리고 실무자들을 살리고 자기 자신을 살리기 위해 이제라도 혁명을 시작해야 한다. 성과코칭을 통해 리더십 혁명을 주도하고자 하는 대한민국 모든 조직과 리더, 구성원들을 응원한다. 나 역시 모든 조직과 개인들이 성과코칭 방법론을 기반으로 자율책임경영을 하는 그날까지 멈추지 않을 것이다.

성과코칭은
사람에 대한 믿음과
방법에 대한 위임의
사회과학이다.

★

저자소개 _ 류랑도 한국성과코칭협회 대표

일을 해서 성과를 창출하고자 하는 기업과 기관, 사람들에게 '성과를 내기 위해 제대로 일하는 방법론'을 25년 넘게 컨설팅하고 코칭해왔다. 류랑도 박사가 오롯이 한 방향만 보고 달려온 성과코칭 방법론은, 무슨 일이든 시작하기 전에 기대하는 결과물인 성과기준을 상태적 목표(objective) 형태로 상위리더와 실행하는 사람이 서로 합의하고, 달성전략과 실행방법에 대해 리더가 성과코칭 하고, 실행행위에 대해서는 실행하는 사람에게 권한위임(delegation) 하고, 과정성과와 최종성과에 대해 성과를 평가하고 피드백하는 것이다.

특히 임원이나 팀장 같은 리더들은 더 이상 '업무관리' 하지 말고 '성과코칭' 해야 한다. 리더가 성과코칭을 잘해야만 실행하는 사람들이 스스로 동기부여해 자기주도적으로 일하고, 성과에 대해서도 주인의식을 갖기 때문이다. 조직관리 방식과 사람관리 방식을 '상사 중심의 수직적 근태관리 방식'이 아닌 '실무자 중심의 수평적 R&R관리 방식'으로 혁신하기 위해서는 리더의 성과코칭이 핵심도구다. 류랑도 박사는 이 점을 널리 전파하기 위해, '성과코칭과 권한위임에 기반한 자율책임 경영방식'으로 일하는 문화를 만들기 위해 노력하고 있다. 덕분에 이미 국내외 유수 기업의 많은 리더들이 성과코칭을 조직문화의 근간으로 만들고자 사명감을 가지고 노력하고 있다.

류랑도 박사의 25년 내공을 압축한 이 책은 명실상부 전 세계 최초이자 유일무이한 성과코칭 실무지침서다. CEO, 임원, 팀장, 팀원 할 것 없이 누구나 일을 해서 성과를 내기 위해서는 어떻게 성과를 코칭하고 코칭받아야 하는지, 가장 현실적이고 구체적인 방법론을 담았다.

실무경험과 인본주의 철학을 바탕으로 한 그의 열정적인 강의와 컨설팅과 성과코칭은 수많은 조직과 구성원에게 지속가능한 성장을 선사해 오고 있다. 《일을 했으면 성과를 내라》, 《성과관리》, 《델리게이션》, 《하이퍼포머》, 《완벽한 하루》, 《아침 3분 365 경영코칭》 등 35여 권의 저서는 출간할 때마다 베스트셀러에 올랐다. 지금도 현장에서 옳다고 믿는 것을 끊임없이 실험하고 치열하게 자기교정 하고 있다.

또 25년간의 연구과 실험을 집대성한 '성과코칭 방법론'을 널리 알리기 위해 현직에서 활동하고 있는 CEO, 성과관리와 리더십에 대해 강의, 코칭, 컨설팅하는 사람들과 의기투합하여 '한국성과코칭협회'를 만들었다. 기업, 기관, 개인들에게 표준화된 성과관리 방법과 성과코칭 방법을 본격적으로 확산·전파하고 있다.

한눈에 보는 성과코칭 단계별 주요 액티비티

1. 핵심과제 도출

- 가장 우선적으로 실행해야 할 핵심과제를 지원율을 고려해 선정한다.
  - 당기과제(담해서도, 담보기에 우선적으로 실행할 과제), 선행과제(내년이나 분기, 반기 성과달성 목적), 개선과제(전년, 지난 반기, 분기성과 분석을 통한 개선 필요 항목)를 정한다.
  - 이의 일일, 주간, 월간 단위로도 선정할 수 있다.

2. 성과목표 설정(상태적 목표)

- 과제 현황파악 후, 과제수행을 통해 기대하는 성과목표를 설정한다.
  - 핵심성과지표(KPI) + 정량적 목표 혹은 구체적으로 기대하는 결과물을 설정한다.
  - 결과물의 품질기준, 소요예산 등도 포함할 수 있다.

- 성과목표조감도(성과목표가 달성된 상태, 투 비 이미지)를 구성한다.
  - 세부목표, 세부구성요소 핵심를 표현함으로써 인과적 목표달성전략에 대한 이사결정 기준과제들성 여부에 대한 예측성을 제고한다.

3. 성과목표 달성방안 수립

- 갭(gap)을 도출하고 갭을 줄이기 위한 달성전략을 수립한다.
  - 구체화한 성과목표(to be)와 현재 수준, 상태(as is)의 차이를 분석한다.
  - 공략대상(타깃)과 공략전략(고정변수, 변동변수 각각을 수립한다.

- 예상리스크 대응방안을 수립한다.
  - 외부환경 리스크요인: 통제 불가능한 외부환경 요소인 고객, 경쟁사, 시장정책 요인에 대한 대응방안과 플랜B를 준비한다.
  - 내부역량 리스크요인: 필요한 역량이나 능력의 존재도를 파악하고, 시간·자원의 부족 여부, 조력자 유무 등을 체크한다.

- 성과목표 실행을 위한 액션플랜을 도출한다.
  - 기간별 실행과제, 절차, 소요자원을 구체화하고, 일정계획을 수립한다.

- 성과목표 달성을 위해 필요한 자원을 기간별, 전략적으로 배분한다.
  - 한정된 시간과 자원(인원, 예산 등)을 우선적으로 투입할 과제와 목표를 선정한다.

프리뷰 단계

4. 개소개이닝과 협업

- 공간적 개소개이닝(상하간)
  - 책임조직별 아웃풋을 관리한다.
  - 역할과 책임의 권한위임 프로세스를 확인한다.
  - 상하 조직 간의 권한, 관리범위(관리목표)와 책임범위(책임목표)를 구분한다.

단계

리뷰 단계

5. 성과평가와 피드백

• 시간적 개소스케이딩(개인 간)
- 기간별 이슈풋을 관리한다.
- 환경변화에 따른 시점별 롤링플랜(rolling plan)을 수립한다(분기, 반기, 월간 등).
- 실행방법 : 성과목표조건도상 세부목표에 영향을 주는 외부환경 요인과 내부역량 요인별로 맞춤식 대응방법을 마련한다.
- 실행절차 : 업무추진 절차를 검토한다(현상분석, 원인도출, 해결방안 도출, 세부 실행방안 수립).
- 실행일정 : 업무추진 절차별로 일정, 시간을 설정하고 기간을 준수한다.

• 수평적 협업
- 과제실행 시 동료, 유관 부서, 유관 업체와 협업한다.

• 수직적 협업
- 과제실행 시 상위조직 리더(나 선배)의 방향성 및 방법론에 대해 사전에 검증하고 코칭받는다.
- 성과목표 진척도에 따라 알맞게 커뮤니케이션한다.

• 사전에 합의한 성과목표와 달성한 성과 사이의 결과를 분석한다.
- 사전에 합의한 성과목표 : 연초 합의(사항 또는 변경사항)을 반영해, 과제 시작 전 합의한 결과물이다.
- 성과목표조건도의 세부내역과 달성성과의 차이(달성성과와 미달성 항목)를 비교분석한다.

• 기획한 목표달성 방안과 실행한 목표달성 방안 사이의 결과를 분석한다.
- 목표달성에 결정적 영향을 끼친 성과목표조건도의 세부구성요소를 파악한다.
- 외부환경요소와 내부역량요소를 도출해 적정성을 분석한다.
- 예상리스크 대응방안과 플랜B의 적정성을 분석한다.

• 자기평가 (원인분석, 개선과제 도출, 만회 대책 수립)
- 성과 초과 또는 미달성 원인을 분석한다(문제의 현상을 기재하는 것이 아니다).
- 원인해결을 위한 개선과제를 도출하고, 개선과제의 목표와 실행완료 일정으로 수립한다.
- 성과 미달성 부분에 대한 만회대책을 세우고 일정을 수립한다.

• 리더의 코칭과 피드백
- 개선과제 : 대상자의 분인평가(성과와 과정평가) 결과, 성과 미달성 원인, 개선과제에 대한 근거와 기준을 검증한다(코칭기부 활용).
- 만회대책 : 대상자의 만회대책에 대해 실현 가능여부를 검증한다(근거, 데이터 및 코칭기법활용).

성과코칭 워크북

2022년 9월 17일 초판 1쇄 발행

지은이 류랑도
펴낸이 박시형, 최세현

책임편집 최세현 **디자인** 박선향
마케팅 권금숙, 양근모, 양봉호, 이주형 **온라인마케팅** 신하은, 현나래, 정문희
디지털콘텐츠 김명래, 최은정, 김혜정 **해외기획** 우정민, 배혜림
경영지원 홍성택, 이진영, 임지윤, 김현우, 강신우
펴낸곳 쌤앤파커스 **출판신고** 2006년 9월 25일 제406-2006-000210호
주소 서울시 마포구 월드컵북로 396 누리꿈스퀘어 비즈니스타워 18층
전화 02-6712-9800 **팩스** 02-6712-9810 **이메일** info@smpk.kr

ⓒ 류랑도(저작권자와 맺은 특약에 따라 검인을 생략합니다)
ISBN 979-11-6534-604-1 (03320)

쌤앤파커스(Sam&Parkers)는 독자 여러분의 책에 관한 아이디어와 원고 투고를 설레는 마음으로 기다리고 있습니다.
책으로 엮기를 원하는 아이디어가 있으신 분은 이메일 book@smpk.kr로 간단한 개요와 취지, 연락처 등을 보내주세요.
머뭇거리지 말고 문을 두드리세요. 길이 열립니다.